Mein Dank gilt für die Überarbeitung

meines Manuskripts:

Anna Norwat

Gerd Mäschle

Klaus Hampel

Gewidmet ist dieses Buch meinen Söhnen

Alexander

Thomas - Martin

und der jungen Generation

Manfred Norwat

Die Gesellschaft der Zukunft

Entwurf einer neuen
Gesellschaftsordnung

www.tredition.de

© 2016 Manfred Norwat

Verlag: tredition GmbH, Hamburg

ISBN
Paperback   978-3-7345-2668-8
Hardcover   978-3-7345-2669-5

Printed in Germany

Inhaltsverzeichnis

Die Gesellschaft der Zukunft

-Entwurf einer neuen Gesellschaftsordnung-

I Einführung

Grundsätzliche Gedanken   9

Probleme des Kapitalismus und neuer Ansatz einer künftigen Gesellschaftsordnung   22

II Das Rätesystem

Die parlamentarische Demokratie   37

Die partizipativen Räte   46

Die wissenschaftlichen Beiräte   65

Die Kontinentalräte und der Weltgemeinschaftsrat   69

Die möglichen Problemfelder im Rätesystem   76

III Der Produktionsbereich

Die Wirtschaftsstruktur 82

Der Planverlauf 90

Der Wert der Produkte, der Güterkorb 105

Die betriebliche Organisation und
Arbeitsbedingungen 117

Die Verwaltung 128

Die Landwirtschaft 134

Die technologische Entwicklung 139

Der Umweltschutz, die Energiegewinnung 142

Der Außenhandel 148

Die Finanzwirtschaft 155

Die möglichen Problemfelder im
Produktionsbereich 162

IV Der Reproduktionsbereich

Die Einzelkonsumenten 166

Die Gemeinschaftskonsumenten 178

Das Bildungswesen 181

Der Verkehr 195

Das Gerichtswesen/der Sicherheitsdienst 203

Das Gesundheitswesen 210

Das Wohnungswesen und die Infrastruktur 216

Der Sport 226

Die Freizeit 231

Der Tourismus 233

Die Inklusion von Behinderten 236

Die Kinder und Jugendlichen 240

Die Rentner 244

Die Medien 248

Die Religion 254

Die Parteien und Verbände 257

Der Kulturbereich 264

Die möglichen Problemfelder im
Reproduktionsbereich 268

V Die künftige Gesellschaft in Einzelansicht

Die Biographie von Jochen M. 271

Der tabellarische Lebenslauf von
Jochen M. 283

Eine Woche im Leben des Jochen M. 285

VI Fazit 300

Literaturverzeichnis 317

I Einführung

Grundsätzliche Gedanken

Der Sinn allen Wirtschaftens ist die menschliche Bedürfnisbefriedigung. Wir leben nicht im Paradies, wo die gebratenen Tauben in den Mund fliegen, sondern wir müssen etwas dafür tun, dass wir unsere Bedürfnisse befriedigen können, d.h. wir müssen Arbeit aufwenden, um uns mit Nahrungsmitteln, Kleidung und einem Schutz (Obdach) zu versorgen. Dies ist die Grundversorgung, ohne die der Mensch nicht überleben kann. Die Natur bietet zum Teil ein unerschöpfliches, zum Teil nur ein begrenztes Reservoir an Schätzen dar, aus denen sich der Mensch bedienen kann. Um sich die Natur besser aneignen zu können, benötigte der Mensch in der Urgesellschaft wie auch heute Werkzeuge, die er wiederum aus der Natur gewinnen musste.

Gegenüber anderen Lebewesen insbesondere Raubtieren war der Mensch in Teilbereichen (Schnelligkeit, Stärke, gut entwickelte Sinnesorgane) unterlegen, aber überlegen in der Anwendung seines Gehirns. Die Überlegenheit des menschlichen Denkens entwickelte sich über einen langen Zeitraum. Am Anfang der Menschwerdung war es der aufrechte Gang, den sich die Affenmenschen nach dem Verlassen der Bäume und das Leben auf dem Boden angewöhnten. Die Hände waren nun frei und der werdende Mensch konnte sie benutzen, um sich die benötigten Hilfsmittel, d.h. Werkzeuge herzustellen. Deren beständigen Einsatz und ihre Erneuerung auf höherem Niveau erfolgte im dauernden geistigen Austausch mit dem Gehirn. Die Gehirnmasse vergrößerte sich auch durch die bessere Nahrung des mit Feuer zubereiteten Fleisches. Aufgrund der regen Gehirntätigkeit konnte der Mensch sich eine Vorstellung davon machen, was er benötigt, um den Gegenstand aus der Natur zu erschaffen oder die Nützlichkeit eines natürlichen Gegenstandes zu erkennen.

Um dies besser zu illustrieren, kann man sich auf das hervorragende Beispiel des Robinson Crusoe beziehen. Robinson hätte vor Traurigkeit am Strand sitzen und auf das nächste Schiff warten können, das ihn nach Hause bringt. Vielleicht hätte er auch noch Stoßgebete gen Himmel schicken können. Davon wurde er jedoch nicht satt und konnte sich nicht gegen Wettereinflüsse oder wilde Tiere schützen. Zu seinem Glück konnte er aus dem Schiffswrack Kisten mit Werkzeug und Waffen retten, so dass er diese Hilfsmittel nicht mühsam der Natur abringen musste. Er konnte somit Wild erlegen, sich einen Unterschlupf bauen und diesen absichern. Mit viel Arbeit hat er sein Überleben gesichert. Doch nahezu alle Menschen leben nicht als Eremiten sondern in menschlichen Gemeinschaften. Wenden wir uns daher einer kleinen Gemeinschaft auf niedrigem Niveau, einer Sippe in der Urzeit zu. Die Natur ist feindlich, sie müssen sich gegen wilde Tiere, die schneller, stärker und mit schärferen Sinnesorganen ausgestattet sind, behaupten.

Um zu überleben, müssen sie satt werden und sich schützen können. Dies geschieht durch selbstgeschaffene Hilfsmittel. Die Schnelligkeit der Tiere überwinden sie mit Hilfe von Speeren sowie Pfeil und Bogen und ihre Stärke mit der Streitaxt. Die besser ausgebildeten Geruchsorgane der zu Hunden gezähmten Wölfe nutzen sie, indem sie sich von ihnen beim Aufspüren von Wild tatkräftig unterstützen lassen. Wenn sie Erfolg auf der Jagd haben, haben sie genügend zu essen und können sich in der ihnen feindlichen Umgebung behaupten.

Die Urmenschen finden jedoch heraus, dass nicht alle auf die Jagd gehen müssen, sondern nur die geschicktesten und dass sich ein Sippenmitglied besser für die Herstellung von Waffen eignet. Sie entdecken die Nützlichkeit der Arbeitsteilung. Der

Waffenhersteller ist jedoch auch an der Jagdbeute beteiligt und er und seine Familie erhalten den entsprechenden Anteil.

Da das Jagdglück sehr unbeständig und die Versorgung der Menschen mit Fleisch starken Schwankungen unterworfen ist, beginnen die Menschen sich durch die Haltung von Nutztieren und das Aussäen und Ernten von Nutzpflanzen eine dauerhafte Nahrungsbasis zu schaffen. Aus den herumstreifenden Jägern werden sesshafte Viehzüchter und Ackerbauern, die nicht mehr tagtäglich sich um die Nahrungsversorgung kümmern müssen, sondern beginnen können, bessere Arbeitsgeräte zu entwickeln und kulturelle Leistungen wie Verbesserung der Lebenssituation durch höherwertiges Geschirr, Schmuck usw. hervorzubringen. Durch die Haltung von Vieh entsteht Eigentum und auch die Auseinandersetzung darum.

In der Beschäftigung mit der natürlichen Umgebung hat sich der Mensch aus der Urzeit zum heutigen modernen Menschen entwickelt. Er ist durch seine Arbeit, die Nutzbarmachung der Natur, die Schaffung von Werkzeugen und später der Maschinen und Computern, die wissenschaftliche Erkenntnis der Naturprozesse, die Entwicklung von Kultur und die Konfrontationen um das gesellschaftliche

Zusammenleben zu dem zivilisierten Menschen geworden, der er heute ist. Man kann es auch auf den Punkt bringen: Die Arbeit hat den Menschen erschaffen. Arbeit kann als eine zielgerichtete planmäßige und bewusst ausführende körperliche und geistige Tätigkeit definiert werden.

Andrerseits hat die Menschheitsentwicklung auch eine Kehrseite: in der heutigen Weltgesellschaft wurde ein großes militärisches Vernichtungspotential angehäuft, das die Menschheit gefährdet, ja auszulöschen droht.

Den erreichten hohen Produktivitätsstand zu erhalten und auszubauen, die Massenvernichtungswaffen zu zerstören und auf alle anderen Waffen zu verzichten, gleichzeitig auf die Erhaltung der Umwelt zu achten und das Zusammenleben der Menschen in einer sozialen und gerechten Gesellschaft zu organisieren, ist die Herausforderung für die neu entstehende Gesellschaftsordnung.

Übertragen auf die neue Gesellschaft bedeutet dies: auch sie muss sich die Güter, die sie ge- und verbrauchen will, erarbeiten. Es gehört zu den Essentials der künftigen Gesellschaft, dass das Güterangebot vielfältig, langlebig, umweltgerecht und für die Gesellschaft und den einzelnen nützlich ist.

Und die Herstellung der Güter erfolgt auf hohem produktivem Niveau und in einer feingliedrigen und koordinierten Arbeitsteilung. Jedoch das Prinzip ist das gleiche wie in der Urgesellschaft und bei Robinson Crusoe. Um zu überleben und als Mensch würdig zu leben, müssen die benötigten Güter durch Arbeit sich angeeignet werden.

Die Geschichte der Menschheit hat sich von der Urgesellschaft über mehrere unterschiedliche Etappen bis hin zur kapitalistischen Gesellschaftsordnung entwickelt und die Menschen werden sich aus ureigenem Selbstbehauptungswillen zu einer künftigen Gesellschaft weiterentwickeln. Nach der Urgesellschaft entstand, grob eingeteilt die Sklavenhaltergesellschaft, danach der Feudalismus, der von der modernen kapitalistischen Gesellschaftsordnung abgelöst wurde.

Ich möchte kurz auf die Übergänge von einer Menschheitsepoche zur anderen eingehen:

Urgesellschaft/Sklavenhaltergesellschaft   ca. 4000 J.v.u.Z.: Die Bildung von Eigentum an Nutztieren führte zu einer Verstetigung der Nahrungsmittelversorgung. Der Übergang vom Jagen zum Halten von Tieren war eine männliche Angelegenheit, daher entstand mit dem Besitz an Nutztieren auch das Patriarchat, d.h. die Herrschaft des Mannes über die Ehefrau, Kinder und alle zum Haushalt gehörenden Personen. Andrerseits hatten die Menschen nun genügend Zeit und Kraft, um neue Werkzeuge zu fertigen, Techniken zu entwickeln und auch die Ausstattung ihrer Behausungen zu verbessern. Man hatte auch mehr Gelegenheit, sich arbeitsmäßig zu spezialisieren und „Politik" zu betreiben, d.h. sich um das Eigentum mit anderen Sippenangehörigen aber vor allem mit Ortsfremden zu streiten. Dies führte zu kriegerischen Auseinandersetzungen. Den besiegten überlebenden Gegner konnte man als Sklaven nehmen.

So wie man Wildtiere einfing, zähmte, zu seinem Besitz machte und züchtete, so konnte der im Kampf unterlegene Gegner auch zum Besitz erklärt werden. Wie die Haustiere als Nutztiere zur Verfügung standen, wurde die Arbeitskraft des Sklaven genutzt. Genauso wie die Nutztiere wurde er zur Sache, die man auch nach eigenem Gutdünken benutzen konnte. Die Nachkommen der Sklaven blieben wie die Haustiere im Besitz des Sklavenhalters.

Sklavenhaltergesellschaft/Feudalherrschaft ca. 500 J.u.Z.: Aus dem Zusammenprall der römischen Sklavenhaltergesellschaft mit den germanischen Stammesgesellschaften in der Zeit der Völkerwanderung entwickelte sich die Feudalgesellschaft. Die Germanen z.B. waren davor in Stämme und diese wieder in sippenartige Dorfgemeinschaften zersplittert. Der männliche Haushaltsvorsteher war der Herr über seine Familie, Knechte und auch Sklaven. Die Anführer wurden von den freien Stammesmitgliedern gewählt. Es war ein gegenseitiges Treueverhältnis zwischen den Anführern und der Gefolgschaft, die sich auch in der Feudalzeit im Prinzip hielt und sich zum Lehnswesen weiterentwickelte. Andrerseits wurden infolge der Auseinandersetzungen mit den Römern und ihrem für die damalige Zeit hochorganisiertem Staatswesen mit schlagkräftigem Heer die germanischen Stämme zu Völkern (Franken, Deutsche) meist durch Zwang durch überlegene Stammesführer vereinigt. Die bisherigen gewählten germanischen Anführer entwickelten sich zu Königen mit vererbbaren Dynastien, die bedingt durch den römischen Einfluss ihre Herrschaft ebenfalls auf ein starkes Heer und eine effektive Verwaltung aufbauten. Und als Symbolik der Kontinuität der römischen Staatsidee übernahm der fränkisch-deutsche König von den Römern die Kaiser(Cäsaren)-würde mit dem imperialen Anspruch als Schutzherr aller Christen anerkannt zu werden. Die zersplitterte Stammeskultur der früheren Germanen konnte dies nicht mehr leisten. Das moderne römische Staatswesen verschmolz sich mit dem germanischen Schutz-und Treuebündnis zum feudalen Reich des Mittelalters. Diese Entwicklung erfolgte in Deutschland aber auch in den anderen früheren germanisch-römisch geprägten Ländern Europas. Jedoch war der Feudalismus nicht nur eine europäische sondern auch eine weltweite Erscheinung.

Der König bzw. Kaiser brauchte für seine großen Länder Unterführer und Krieger, die sich nicht mehr um die Lebensmittelversorgung kümmern mussten. Sie waren von der Arbeit befreit, und als Adlige erhielten sie für ihre Treue gegenüber dem Herrscher als Lehen große Ländereien, die sie an Unterführer weitergeben konnten und von der Bauernschaft bearbeitet wurden, die wiederum an sie und die Kirche Abgaben aber auch niedere Kriegsdienste leisten musste. Die Gegenleistung des Adels gegenüber dem König bestand im Kriegsdienst und in der Verwaltung, gegenüber den Untertanen in ihrer Beschützerfunktion.

Dass der Adel im Laufe der Feudalzeit immer egoistischer gegenüber dem König bzw. Kaiser seine eigenen Interessen verfolgte und immer brutaler seine Untertanen ausnutzte, führte zu vielen kriegerischen Auseinandersetzungen und zahlreichen Bauernaufständen.

Das Halten von Sklaven hat auch in der Feudalzeit in den Mittelmeerländern und besonders in den Beziehungen zu den Kolonien bis zum amerikanischen Bürgerkrieg zwar nicht epocheprägend aber doch angehalten. Nicht mehr als im Kampf Besiegte sondern in der Jagd auf sie und im Handel zur Ausbeutung ihrer Arbeitskraft lag das Schwergewicht der Sklavenhaltung. Mit Einschränkungen kann man diese Entwicklung im Sklavenwesen als extensive Frühform des Ausbeutungsverhältnisses vom Lohnarbeiter zum Kapitalisten ansehen.

Feudalzeit/Kapitalismus   ca.1800:
Schon in der Feudalzeit begann durch den Handel in den Städten der Aufstieg der Kaufmannschaft. Begehrte Waren für den Adel wurden durch den Fernhandel besorgt. Die Kaufmannschaft wurde dadurch reich und selbstbewusst. Zum Handel kam das Verleihen von Geld an die wegen ihrer Kriegsführung und Hofhaltung immer knappe Kassen der Herrschenden hinzu. Die von den kaufmännischen Patriziern regierten Städte behaupteten sich resistent gegen die Machtansprüche der Landesherren und der unteren Adligen (Ritter).

Der industrielle Kapitalismus entstand in England. Die Landwirtschaft wurde im 18.Jahrhundert produktiver, es wurde nicht mehr so viel Ackerfläche für den Anbau von Nahrungsmitteln benötigt, sondern als Weideflächen für die Schafhaltung genutzt. Die Wolle war begehrt und wurde in den Webereien zu stark nachgefragten Textilien verarbeitet. Durch den mechanischen Webstuhl wurde die Textilproduktion sehr produktiv. Auch der Abbau von Kohle und Erz und deren Verhüttung, ebenso wie die Erfindung der Dampfmaschine als energiegetriebene Maschine und Anwendung als Lokomotive bedeutete mit dem Eisenbahnwesen die Revolutionierung des Verkehrswesens. Die Nachfrage nach Eisen und Stahl stieg dadurch gewaltig. Durch den Fernhandel und dem räuberischen Kapern der reich beladenen Schiffe der anderen Nationen (z.B.Spanien) war in England genug Kapital vorhanden, um in die aufkommende Industrie investiert zu werden. Die von ihren Ländereien vertriebenen Bauern wurden als Arbeitskräfte von den neuen Industriebetrieben regelrecht aufgesogen und von den Fabrikherren extensiv ausgebeutet. Das Leben der Arbeiter im aufkommenden Industriekapitalismus war für sie und ihre Familien menschenunwürdig.

Den politischen Übergang zur bürgerlichen Gesellschaftsordnung leitete vor allem die Französi-
sche Revolution ein. Das aufstrebende Bürgertum
war nicht mehr bereit, die dekadente Königsherr-
schaft mit ihrer parasitären Hofhaltung allein ohne
Beteiligung des Adels und der Kirche vor dem finanziellen Ruin zu bewahren. Angetrieben durch
die Volksmassen, deren Grundnahrungsmittel durch
die Verteuerung aufgrund von Missernten, Verwüs-
tungen und ungerechten Verteilung unerschwing-
lich wurden, wandte sich die ganze Volkswut gegen
den König und die Adelsherrschaft und stürzte in
der blutigen Revolution von 1789 die Monarchie.

Waren die Gesellschaftsformen nach der Urgesellschaft bis heute auch unterschiedlich organisiert, sie waren alle durch die Herrschaft von Minderheiten über die Mehrheiten gekennzeichnet. Die
Minderheiten haben sich einen Großteil der Arbeitsergebnisse unentgeltlich angeeignet und auch
zur Herrschaftssicherung benutzt. In der kapitalistischen Gesellschaft hat die Produktivität und die
Gütervielfalt die höchste Stufe erreicht, den Grundwiderspruch der gesellschaftlichen Produktion und
privaten Aneignung der Arbeitsergebnisse nicht beseitigt sondern auf die Spitze getrieben.

Erst die künftige neue Gesellschaftsordnung wird diesen Widerspruch durch Beteiligung aller an den Früchten der Arbeit aufheben und die Herrschaft von wenigen über die vielen durch die Einbeziehung aller Menschen ersetzen. Dies kann jedoch nur gelingen, wenn jedes Gesellschaftsmitglied die Verantwortung nicht nur für sich und seine unmittelbare Umgebung sondern auch für die Menschen, denen er niemals im Leben begegnen oder mit denen er nie in Kontakt kommen wird, übernimmt; ja er trägt die Verantwortung für alle Menschen und die weltweite Umwelt. Durch Bildung und Erziehung muss diese Einstellung für jeden und jede zur Selbstverständlichkeit werden.

Probleme des Kapitalismus und neuer Ansatz einer künftigen Gesellschaftsordnung

Der Kapitalismus hat einen Höchststand an technologischer Entwicklung und in den entwikkelten Ländern mit Einschränkungen einen hohen Lebensstandard hervorgebracht. Dies war nur möglich durch eine permanente Steigerung der Arbeitsproduktivität und deren intensive Nutzung durch die Kapitaleigner. Neuere Maschinen, die in kürzerer Zeit einen höheren Output erzielen sowie moderne Arbeitsmethoden tragen zur gesteigerten Arbeitsproduktivität bei.

Durch die Herstellung von Massengütern und als Kriegsfolge die hohe Aufnahmefähigkeit der nationalen Märkte konnten in Europa in den 50´er und 60´er Jahre des 20. Jahrhunderts später nicht mehr erreichbare Wachstumsraten und hohe Gewinne erzielt werden. Die Arbeitskräfte wurden zwar im Arbeitsprozess ausgebeutet, aber sie und ihre Familien wurden auch als Käufer der Massenwaren benötigt. Hier ergaben sich Chancen für die Gewerkschaften, ihre Hauptforderung nach berechtigten Lohnhöhen, die zunächst die Grundversorgung und später höhere Konsumanteile des Arbeiters und seiner Familie sicherstellten, durchzusetzen (Fordismus: Autos kaufen keine Autos).

Als das heimische Kapital jedoch immer stärker wegen der Sättigung der heimischen Märkte den Weltmarkt nutzte und auf den Export zu niedrigen (Lohn-)Kosten setzte, wurde der Handlungsspielraum der Gewerkschaften immer enger (neoliberale Globalisierung).

Bei allen Varianten besteht jedoch ein antagonistischer Widerspruch zwischen der Bedeutung des Lohnes einerseits für den Betrieb und andrerseits für die Volkswirtschaft, der im Kapitalismus nicht auflösbar ist. Wird der Lohn im Betrieb als wichtiger Kostenfaktor angesehen mit dem Ziel ihn möglichst zu minimieren, bedeutet der Faktor Lohn für die Volkswirtschaft letztlich den Großteil der Nachfrage. Zwar hängt diese auch von der staatlichen Seite ab. Da der Großteil der Staatseinnahmen von seiner Lohn- und Umsatzsteuer und somit von einem hohen Beschäftigungsgrad mit hohen Löhnen und entsprechender Nachfrage abhängt, spielt für diesen Teil der Gesamtnachfrage der Lohnfaktor eine zwar indirekte jedoch auch gewichtige Rolle. Bedingt durch den Lohnwiderspruch entstehen Überangebots- und Unterkonsumtionskrisen.

Als weiteres Problemfeld kommt hinzu, dass wegen der gestiegenen Arbeitsproduktivität nicht mehr so viele Arbeitskräfte benötigt werden wie Jahre zuvor. Es entstand das Phänomen der Massenarbeitslosigkeit, das stark konjunkturabhängig ist. Geht es der Wirtschaft gut und wird der Warenumsatz und somit die Produktion gesteigert, benötigt man trotz höherer Arbeitsproduktivität mehr Arbeitskräfte und von den Gewerkschaften können höhere Lohnforderungen durchgesetzt werden. Bei schwacher Konjunktur geht es in die andere Richtung und die Durchsetzungskraft der Gewerkschaften nimmt ab.

Das Phänomen der Arbeitslosigkeit bedeutet große Einnahmeverluste für die Gesellschaft in Form von geringerer Einkommenssteuer und Sozialversicherungsbeiträge, dafür aber eine höhere Belastung für die öffentlichen Haushalte z.B. durch Arbeitslosengeld II – zahlungen und Zuschüsse für die Sozialkassen.

Besonders schwerwiegend ist die Arbeitslosigkeit für den einzelnen. Es bedeutet neben den Einkommenseinbußen eine große psychische Belastung, das Gefühl zu haben, nicht mehr gebraucht zu werden. Der Arbeitslose kann keine Lebensperspektive mehr entwickeln, er erfährt eine schleichende Dequalifizierung seines beruflichen Wissens und seiner Erfahrung, genießt keine Anerken-

nung mehr sondern ihm wird Geringschätzung durch seine Umgebung zuteil. Hinzu kommt die bürokratische Gängelung bis zur schikanösen Behandlung besonders in den Job Centern. Diese Erfahrungen machen psychisch und schließlich auch physisch krank und wirken sich negativ auf das Familienleben aus. Je älter der Arbeitslose um so geringer ist seine Aussicht, eine neue Beschäftigung zu finden. Der Bürger hat in unserer Gesellschaft viele Rechte, aber das Recht auf einen Arbeitsplatz als ökonomische Grundlage seiner sozialen Existenz hat er nicht.

Die Diskrepanz der abhängig Beschäftigten, die den Großteil der Bevölkerung ausmachen, einerseits der ausgebeutete und um den wahren Wert seines Produkts geprellte Produzent und andrerseits der umworbene Kunde mit dem Hang zum Konsumfetischismus, ist ein wesentliches Merkmal des sog. „rheinischen" Kapitalismus. Um die Nachfrage zu erhöhen, wird als Massenbeeinflussung von der Kapitalseite die Werbung eingesetzt und durch Kreditgewährung der Banken das ungenügende Arbeitseinkommen angehoben.

Die Unternehmer konkurrieren miteinander im Wettbewerb um den höchsten Gewinn. Die Jagdbeute des maximalen Profits lässt sie als Kapitalis-

ten überleben, macht sie ökonomisch stark und beherrschend gegenüber ihren kapitalistischen Konkurrenten. Um den gewünschten Profit zu erzielen, muss der Kapitaleigner die Warenwertanteile an Lohn- und Produktionsmittelkosten, worin auch Lohnkosten stecken, niedrig halten bzw. senken.

Die kapitalistische Entwicklung läuft letztendlich darauf hinaus, dass einer sehr kleinen Schicht von vermögenden und superreichen Kapitalbesitzern eine große Masse an abhängigen Beschäftigten gegenübersteht, deren Einkommen und Lebensstandard von dem alleinigen Verkauf ihrer Arbeitskraft abhängt, der sehr unsicher und konjunkturabhängig ist (neoliberaler Kapitalismus). Diese aktuelle Variante des kapitalistischen Systems dringt darauf, den Anteil des Faktors Arbeit am Volkseinkommen durch Senkung des Lohnanteils aber auch der Sozialleistungen zu Gunsten der Einkommen aus Kapital beständig zu senken.

Während das untere Drittel der kapitalistischen Gesellschaft bestenfalls so viel Einkommen erzielt, dass es seine Grundbedürfnisse befriedigen kann jedoch wegen Geldmangels auf die Befriedigung gehobener Kulturbedürfnisse verzichten muss, kann sich das obere Drittel einen Luxusstandard bis zur Verschwendung leisten und hat noch genü-

gend Geld übrig, um damit nach guten Anlagemög-
lichkeiten Ausschau zu halten, was wiederum zur
Unsicherheit auf den Geld- und Wertpapiermärkten
beiträgt und permanent krisenanfällig ist. Das
mittlere Drittel kann sich zwar an der breiten Kon-
sumauswahl beteiligen, lebt jedoch in der ständi-
gen Angst z.B. durch Arbeitslosigkeit in das untere
Drittel abzurutschen.

Die abhängig Beschäftigten sind zwar nicht dem
Einzelkapitalisten aber der Gesamtheit an Kapita-
listen (einschließlich dem Staat und gesellschaftli-
chen Einrichtungen als Arbeitgeber) auf Gedeih
und Verderb ausgeliefert. Sie erfahren ihr ganzes
Arbeitsleben und tagtäglich durch ihre Unterord-
nung die strukturelle Gewalt des Abhängigkeitsver-
hältnisses der Arbeitnehmer- gegenüber der Arbeit-
geberseite.

Dies wirkt sich auch auf die Gesellschaft aus. In
der historischen Entwicklung hat ein Großteil der
Menschheit es geschafft, in demokratischen Staats-
wesen leben zu können. Gegenüber den früheren
und auch bis in unsere Tage autoritären Herr-
schaftsverhältnisse ist dies ein gewaltiger Fort-
schritt. Wenn auch auf staatlicher Ebene die aller-
dings oft nur formalen demokratischen Regeln um-
gesetzt sind, so machen sie jedoch Halt vor den Be-

triebstoren. In keinem kapitalistischen Betrieb sind demokratische Verhältnisse hergestellt, sondern das alte Herrschaftsprinzip des Herr-im-Hause-Standpunkts, wenn auch gemildert durch partizipative Elemente wie Mitsprache des Betriebsrates, Betriebsverfassung usw. fest verankert. Die wesentlichen Entscheidungen trifft weiterhin unumschränkt der Unternehmer oder dessen Beauftragter.

Der Kapitalismus hat sich über die Jahrzehnte seiner Entwicklung vom Eigentum-Unternehmer zum Anstellungsunternehmer weiterentwickelt, die Familienunternehmer der Großbetriebe sind in der Minderheit. Die großen Konzerne, die als Aktiengesellschaften geführt werden, haben an ihrer Spitze angestellte Unternehmer (Vorstand), die vom Aufsichtsgremium berufen werden.

Die Vorstände sind durch hohe Bezüge, Erwerb von Boni und Aktienanteilen an den Erfolg des Unternehmens gebunden. Sie handeln in Fragen der Unternehmensziele wie Eigentumsunternehmer, und oft, da emotional nicht zu sehr an die Tradition des Unternehmens gebunden, rationaler und weitsichtiger. Die ursprünglichen Eigentümer und ihre Familien haben sich größtenteils aus dem Geschäftsbetrieb zurückgezogen und profitieren leis-

tungslos von ihrem großen Vermögen. Man kann dies auch als eine parasitäre Lebensweise bezeichnen.

Zwar haben im 19.Jahrhundert geniale Pioniere die technische Entwicklung vorangetrieben und weitsichtige Unternehmer große Unternehmen aufgebaut, aber ohne die Umsetzung ihrer Ideen durch die abhängig Beschäftigten wäre der Zivilisationssprung in die industrielle Moderne nicht möglich gewesen.

Nicht durch ein enthaltsames Leben und große Entsagung auf Unternehmerseite sind Riesenvermögen entstanden, sondern durch die intensive Nutzung der Arbeitskraft von Abermillionen von Arbeitern und Angestellten, deren Lebensstandard mit der Zeit durch gewerkschaftliche Organisation und Kampf gehoben werden konnte, die jedoch niemals in den Besitz von unabhängig machenden Vermögen gelangen konnten.

Seit Beginn dieses Jahrhunderts hat die Dominanz des Finanzwesens gegenüber dem Produktivkapital stark zugenommen. Bedingt durch hohe Gewinne und deren Nichtinvestition in Produktionskapazitäten aufgrund mangelnder Gewinnaussichten wurden die überschüssigen Gelder von den Indus-

triekapitalisten seit den 70er des letzten Jahrhunderts verstärkt in Finanzanlagen investiert. Die Finanzakteure wurden von den Anlegern beauftragt, renditegünstige Anlagen zu finden und dort zu investieren. Die Kapitalsammelstellen wie die Banken, die verschiedenen Fonds und die Versicherungen sammelten riesige Kapitalien an, um sie gewinnbringend anzulegen. Dies ist ein höchst spekulatives Geschäft. Vor allem die verschiedenen Fonds ("Heuschrecken") investieren in Produktivkapital, nicht in der Absicht der langfristigen Erhöhung des Produktivvermögens und der Verbesserung des Warenangebots sondern allein mit dem Interesse, schnellstmöglichen Gewinn aus dem Unternehmen zu ziehen. Mit dieser sog. finanzialisierten Entwicklung und seiner Krisenanfälligkeit steht der Kapitalismus auf tönernen Füßen. Die nationale und internationale Politik war aufgrund des politischen Einflusses der Finanzindustrie nicht imstande, wirkungsvolle Gegenmaßnahmen zu ergreifen. Auch sind die Regierungen nicht fähig oder willens, der permanenten Steuerhinterziehung, vornehm ausgedrückt Steueroptimierung vor allem der Großkonzerne Einhalt zu gebieten.

Auf einen Umstand möchte ich noch hinweisen: Um sich gegen die Konkurrenz zu behaupten, muss der Unternehmer seine Profite akkumulieren, d.h. er muss bei Strafe seines Untergangs wachsen, einmal durch eine intensivere Ausbeutung der Ware Arbeitskraft, vor allem aber durch Anschaffung neuerer und modernerer Produktionsanlagen, um somit einen höheren Ausstoß an Waren zu niedrigeren Kosten / Ware zu erreichen. Dies macht ihn überlegen gegenüber seinen Konkurrenten, die er vom Markt verdrängen kann.

Diesen Mechanismen unterliegt jedoch nicht nur ein Kapitalist sondern alle, was wiederum nach Karl Marx die Tendenz zum allgemeinen Fall der Profitrate, aber andrerseits für die einzelne Volkswirtschaft zum beständigen Wachstumszwang, nur unterbrochen durch die ökonomischen Krisen, führt. Auf die arbeitenden Menschen, die Umwelt und die Verschiedenartigkeiten der Volkswirtschaften kann im Kapitalismus keine Rücksicht genommen werden. Dass das Kapital gegenüber der Gesellschaft sich auf Kompromisse einlässt, dient auch seiner Überlebensfähigkeit. Was nützt dem Kapitalismus ausgepowerte Arbeiter und Angestellte, die nicht mehr die geforderte Leistung erbringen können, eine kaputte Umwelt, unter der sie auch leiden werden und destabilisierte Volkswirtschaften in der Dritten Welt, die ihre Waren nicht *importieren können? Aber die innerste Logik des Kapitals zwingt genau zu diesen Verhältnissen. Das ist ebenfalls ein nicht auflösbarer Widerspruch des Kapitalismus.*

Zusammenfassend ist der Kapitalismus durch wesentliche Widersprüche gekennzeichnet:

- Einerseits die gesellschaftliche Warenproduktion und permanente Reproduktion der Ware Arbeitskraft und andrerseits die private Aneignung des Produktionsergebnisses und der Akkumulation des Kapitals auf Seiten der Kapitalisten.

- Einerseits die expansive Kapitalakkumulation mit einem unentwegt wachsenden Sozialprodukt, andrerseits die Endlichkeit des Planeten Erde führt zu dem Dilemma: Umweltkrise oder Wirtschaftskrise (Altvater, Atl.d.Glob.S.16)

- Einerseits die Vermehrung und Konzentration des Reichtums in immer weniger Handen, undrerseits die Verarmung breiter Bevölkerungskreise in Europa und weltweit.

- Einerseits eine größtenteils zumindest formale demokratische Gesellschaftsordnung und andrerseits durch eine zwar gemilderte aber nicht aufgehobene antidemokratische kapitalistische Verfügungsgewalt über die abhängig Beschäftigten und

die Produktionsmittel in den kapitalistischen und sich entwickelnden Ländern.

- Einerseits eine hohe Zivilisationsstufe der kapitalistischen Gesellschaften und andrerseits die weltweit rücksichtslose Ausbeutung der Rohstoffreserven und dauerhafte Schädigung der Umwelt.

- Einerseits die Globalisierung der Weltwirtschaft und weltweiten Durchsetzung des Konsumfetischismus, andrerseits die sehr unterschiedliche Entwicklung der Volkswirtschaften und die große Diskrepanz des Lebensstandards in und zwischen entwickelten und unterentwickelten Gesellschaften.

- Einerseits die Flutung der Weltwirtschaft mit Finanzmitteln, andrerseits die ungenügende Kapitalausstattung der Entwicklungsländer.

- Einerseits durch Verträge, Bündnisse und durch die Schaffung der UNO starke Vernetzung der Staaten untereinander, andrerseits das hohe militärische Vernichtungspotential insbesondere der Großmächte.

- Einerseits das weltweite Bedürfnis, die globalen Herausforderungen (Frieden, Ökologie, ungleiche Entwicklung) zu meistern, andrerseits die Durchsetzung interessengeleiteter Großmachtpolitik vor allem der USA.

- *Einerseits die Eindämmungsversuche des Terrorismus mit militärischen Mitteln seitens der übermächtigen Staaten, andrerseits die Stärkung desselben durch die Anwendung überlegener militärischer Gewalt.*

- *Einerseits die direkte und indirekte Einflussnahme auf die staatliche und gesellschaftliche Entwicklung aufgrund ihrer strategischen Lage und Ressourcen wichtige Länder, andrerseits die Nichtbereitschaft zur Übernahme der Interventionsfolgen seitens der kapitalistischen Staaten (Flüchtlinge, Zerstörung der gesellschaftlichen und wirtschaftlichen Strukturen).*

Diese Widersprüche des globalen Kapitalismus können erst durch eine neue Gesellschaftsordnung aufgehoben werden, in denen folgende Voraussetzungen erreicht worden sind:

-gesellschaftliches Eigentum an Produktionsmittel, Boden und Ressourcen,

-humane Arbeits- und Lebenswelt im Einklang mit der Umwelt,

-schonungsvoller Umgang mit den Ressourcen,

-eine verstärkte Gestaltung des Wirtschaftsprozesses durch demokratisch legitimierte Institutionen,

-demokratische Gesellschaften durch Beteiligung aller Bürger

-negatives, kein oder nur ein geringes ökonomisches Wachstum in den entwickelten Ländern, Senkung des Konsumstandards der oberen Einkommensschichten auf ein ökologisch und sozial vertretbares Niveau, äquivalente Anhebung des Konsumstandards der unteren Einkommensbezieher,

-Aufholentwicklung der unterentwickelten Länder und eine länderspezifische Anpassung an das Niveau der Lebenschancen in den entwickelten Ländern,

-Abrüstung der Staaten auf das Niveau der Selbstverteidigung, Auflösung militärischer Bündnisse, Stärkung der UNO, friedliche Beziehungen zwischen den Nationen und gemeinsame Lösung der globalen Probleme.

In der neuen Gesellschaft soll aus einer Warengesellschaft eine Gütergesellschaft entstehen, in der nicht mehr der Verkauf von Waren an zahlungsfähige Käufer sondern die gerechte Verteilung der lebensnotwendigen Güter (einschließlich der Dienstleistungen) in gewünschter Qualität und ausreichender Quantität im Vordergrund steht.

Der Welt und ihrer Bevölkerung verbleibt nicht mehr viel Zeit, sich mit neuen Gesellschaftsmodellen zu befassen und sie anzustreben, will sie nicht durch ökonomische, ökologische, soziale und politische Katastrophenszenarien an den Abgrund geführt werden. Die begüterten Schichten und ihre politischen und medialen Helfershelfer blockieren jedoch weltweit mit der Einstellung: „lieber tot als rot" jede Entwicklung in eine alternative Richtung.

II Das Rätesystem

Die parlamentarische Demokratie

Die heutige repräsentative Demokratie ist bestimmt durch die Wahl der Volksvertreter auf nationaler, regionaler und kommunaler Ebene. Die gewählten Abgeordneten haben den Auftrag, im Sinne der gesamten Körperschaft und dessen Bevölkerung Gesetze und Regelungen auszuarbeiten, zu verabschieden, die Regierenden zu kontrollieren und die Wähler ihres Wahlkreises zu vertreten. Die Wahl der regierungsverantwortlichen Repräsentanten ist unterschiedlich, auf Bundes- und Landesebene durch die Abgeordneten, auf kommunaler Ebene durch die Wahlbevölkerung.

So kurz und so gut das Prinzip unserer parlamentarischen Demokratie. Zunächst stellen sich aufgrund des großen Aufwands an Geld und Zeit Parteikandidaten und kaum unabhängige Einzelpersonen zur Wahl, die in Wahlen mit Vertretern anderer Parteien um eine möglichst hohe Sitzverteilung in den Parlamenten konkurrieren. Die größte Fraktion allein oder in Koalition mit kleineren Fraktionen wählt bei uns auf Bundesebene mit absoluter Mehrheit den Bundeskanzler und dieser bildet die Regierung.

Auf Bundes- und Landesebene sollten die Abgeordneten der Regierungskoalition zwar als Teil des Parlaments ebenfalls die Regierung kontrollieren, tun es aber aus Gründen des Machterhalts nicht sondern vertreten die Regierungspolitik im Parlament und in der Öffentlichkeit. Zwar ist jeder Abgeordneter nur seinem Gewissen gegenüber verantwortlich, durch den Fraktionszwang ist er jedoch besonders in den Regierungsfraktionen der vorgegebenen Politik der Fraktionsspitze, die wiederum durch die Regierungspolitik bestimmt wird, unterworfen. Die Kontrolle durch die zahlenmäßig den Regierungsfraktionen, der Regierung und ihrer Bürokratie unterlegenen Oppositionsfraktionen kann nicht im notwendigen Umfang ausgeübt werden.

Auf kommunaler Ebene ist die strikte Trennung zwischen Mehrheits- und Oppositionsfraktionen abgeschwächt und es können zu bestimmten Sachfragen immer wieder wechselnde Mehrheiten entstehen. Auch die starke Stellung des Bürgermeisters z.B. in Baden-Württemberg als Chef der Verwaltung, Vorsitzender des Gemeinderats und Repräsentant der Kommune sorgt für eine Auflockerung der Parteiinteressen im Gemeinderat.

Die Volksvertreter sind und die Regierung ist darauf vereidigt, dem Gemeinwohl des Volkes verpflichtet, aber aufgrund ihrer meist bürgerlichen Herkunft, Sozialisation und beruflichen Werdegangs sind die Abgeordneten zum überwiegenden Teil dieser Gesellschaftsschicht verbunden und sie vertreten die Interessen des Klientels, dem sie meist selbst entstammen. Dies ergibt ein Geflecht gegenseitiger Abhängigkeiten, dem sich zu widersetzen die politische Karriere kosten kann.

Politiker aus der Unterschicht sind kaum in den Parlamenten vertreten oder sie sind durch ihren Bildungsgang aus dem Unterschichtsmilieu aufgestiegen. Da die Unterschicht zum großen Teil Wahlen fern bleibt und ansonsten politisch passiv ist, ist sie für die politischen Akteure eine zu vernachlässigende Größe, die man höchstens nur in Wahlreden miteinbezieht.

Kein Abgeordneter ist bereit, zum politischen Märtyrer zu werden. Diese Konstellation erzwingt ein bestimmtes politisch-konformes Denken und Handeln, sodass die Beschäftigung mit einem zukunftsweisenden, über den Tellerrand der gängigen Überzeugungen hinausweisendes Gesellschaftsmodell sich von selbst verbietet. Durch persönliche Kontakte, dem Wechsel zwischen Parlament und wirtschaftlichen Betätigungen und gegenseitige Unterstützungen zwischen Parlamentariern und ihrem außerparlamentarischen Umfeld ist ein unüberschaubares und nicht einsehbares Netz der Intransparenz entstanden. Außerdem hat jeder Abgeordneter insgeheim den Wunsch politische Verantwortung in der Regierung übertragen zu bekommen; d.h. er will Karriere machen. Er muss sich daher den Vorgaben der Fraktionsführung unterordnen und durch entsprechendes Wohlverhalten aber auch Fleiß das Führungspersonal von seinen politischen Qualitäten überzeugen. Die überzeugungsmäßige Anpassung z.B. von rot-grünen Politikern erfolgt von einem mit Idealen versehenen Jungpolitiker zu einem pragmatischen aber auch opportunistischen Politiker in Verantwortungsposition diagonal von links unten nach rechts oben. Auf dem Weg dorthin muss auch so mancher parteiinterner Konkurrent ausgeschaltet oder kaltgestellt werden.

Ein großes Problem für die Transparenz der Parlamentsarbeit ist das Lobbywesen der Verbände und großen Unternehmen. Diese haben oft direkten Zugang zur Regierung, den nachgeordneten Behörden und den Abgeordneten und üben auf verschiedene Weise Einfluss auf die staatlichen Organe aus. Dieses Beziehungsgeflecht bleibt der Öffentlichkeit meist verborgen. Je größer der Verband oder das Unternehmen, um so stärker ist der Einfluss, der vor allem im Sinne der Wirtschaftsmächtigen ausgeübt wird. Initiativen gegen die Lobby beschränken sich meist auf die Beschneidung des Wildwuchses, stellen jedoch nicht grundsätzlich die Lobbytätigkeit in Frage.

Deren Einfluss kann man als Beobachter des parlamentarischen Geschehens oft nur dann vermuten, wenn fortschrittliche Gesetzesinitiativen (z.B. Mindestlohn, Steuergesetze, Abgasnormen usw.) abgelehnt, verwässert oder verschoben werden.

Das Wahlvolk ist überhaupt nicht an diesem Politgeschäft beteiligt. Es kann zwar alle vier oder fünf Jahre zur Wahl gehen, hat aber sonst keinen Einfluss auf die Politik. Herr Zetsche, Vorstandsvorsitzender der Daimler AG und ich haben bei der Wahl die gleiche Stimmenzahl zu vergeben und wählen zu völlig gleichen Bedingungen. Jedoch nach der Wahl hat Herr Zetsche die Möglichkeit, sich direkt mit der Bundeskanzlerin z.B. durch ein Telefongespräch in Verbindung zu setzen, ich jedoch nicht. Wie kommt Herr Zetsche zu diesem Privileg? Er hat aufgrund seiner Funktion als Chef ei-

nes großen Industrieunternehmens direkten Zugang zur politischen Spitze. Ist er auf demokratischer Weise zu dieser Funktion gelangt? Nein, sondern durch Berufung des Aufsichtsrates. Wie ist der Aufsichtsrat bestimmt worden? Wie den meisten von uns bekannt ist, ist er auf der Hauptversammlung der Daimler AG gewählt worden. Demokratisch? Nein, sondern mit den Stimmen der Anteilseigner, wobei die Stimmen nicht nach Köpfen sondern nach Höhe der Kapitaleinlagen gezählt werden. Resümee: Wer das Geld und dadurch die entsprechenden Kontakte hat (wozu leider ich und die meisten Bundesbürger nicht gehören), kann massiv die Politik beeinflussen.

In der Kommunalpolitik wird der Bevölkerung je nach Bundesland unterschiedlich durch Bürgerbeteiligung ein gewisser Einfluss zugestanden. Diese ist aber der Verwaltung nicht willkommen, wenn durch Bürgerinitiativen versucht wird, gegen deren Entscheidungen Widerstand zu leisten.

Die erwünschte politische Passivität (Ruhe ist des Bürgers erste Pflicht) führt zu Apathie, Wahlverweigerung und zur Ablehnung des Engagements in politischen Organisationen besonders bei der Jugend. Die engagierte Teilnahme und die notwendige gesellschaftliche Mitarbeit bei der Gestaltung der repräsentativen Demokratie z.B. in Parteien und bei Wahlen nimmt stetig ab.

Politisch interessierte und engagierte Menschen bringen sich eher in Umweltschutz-, Friedens-, Sozialbewegungen und in spontanen, lokalen Initiativen usw. ein, die bei aller Anerkennung ihrer Verdienste für eine lebendige Demokratie jedoch eine eindimensionale Ausrichtung haben.

Wer sich für ein berechtigtes Anliegen einsetzt, muss im politischen Raum die Erfahrung machen, dass eine ungeheuerliche Ausdauer, Kraftanstrengung, eine feste Überzeugung und die ungewisse Aussicht auf den Erfolg des Vorhabens Voraussetzungen für das politische Engagement sind. Auch beim offensichtlich notwendigen Einmischen der Bürger, deren Argumente jedoch erst im Laufe der Zeit von der Öffentlichkeit als richtig anerkannt werden, sind große und mächtige Widerstände zu überwinden.

„Das Bohren dicker Bretter" ist nicht jedermanns Sache. Dies ist auch ein Grund dafür, dass die überwiegende Mehrheit der Bevölkerung abseits des politischen Geschehens bleibt und höchstens über die Medien passiv und meist sensations-

und personenorientiert das politische Geschehen verfolgt.

Die meisten Menschen sind viel zu sehr mit ihren kleinen und großen Alltagssorgen beschäftigt, als dass sie die Zeit finden würden, sich politisch zu engagieren. Natürlich spielen auch die Bequemlichkeit sowie die Verdrängung und Verharmlosung der großen Menschheitsprobleme eine gewichtige Rolle.

Zwar bietet die moderne Kommunikationsform der Internet-Plattformen Möglichkeiten zur Meinungsäußerung, die allerdings oft auf niedrigem Niveau vorgebracht wird und weit entfernt ist von wirklichem politischem Engagement, ob in Parteien oder Bewegungen. Jedoch können aufgrund seiner rasanten Verbreitung und weiten Erreichbarkeit falsche oder irreführende Meldungen schnell eine bestimmte Stimmung erzeugen, die wiederum zu spontanen Aktionen führen können. Die Internetplattformen sind zu einem gewichtigen Instrument der Massenbeeinflussung geworden, hier ist dem politischen Missbrauch Tür und Tor geöffnet. Nur die aufklärende und seriöse Verbindung zwischen digitaler Kommunikation und politischen Aktivitäten in der realen Öffentlichkeit bringen ein berechtigtes Vorhaben weiter.

Hinzu kommt noch ein weiterer Gesichtspunkt. Durch die Schulerziehung und die Beeinflussung durch Massenmedien wird die repräsentative Demokratie als einzige mögliche Form der Volksbeteiligung dargestellt und das politische Massenbewusstsein entsprechend geformt und gelenkt. Die Wahlen werden zum Königsrecht des Volkes erklärt, nach dem Wahlsonntag wird aus dem König jedoch wieder der Untertan, der sich möglichst um seine privaten Dinge kümmert und auf wirkliche politische Einflussnahme verzichtet.

Die Staatsbürokratie mit den Machtmitteln des Staates und die Wirtschaft als Arbeitgeber setzen ihr Interesse, das herrschende System aufrecht zu erhalten und gegen Infragestellungen zu verteidigen, notfalls repressiv durch. Für sie gilt, dass z.B. freies Unternehmertum sowie Konsum- und Reisefreiheit identisch mit persönlicher Freiheit sind. Für die freie Meinungsäußerung gilt dies jedoch nur in eingeschränkter Form.

Durch die o.a. politische Praxis wird die Demokratie jedoch immer stärker ausgehöhlt und ad absurdum geführt. Die Feststellung und Frage ist vollkommen berechtigt: Alle Macht geht vom Volke aus, aber wo geht sie hin?

Die partizipativen Räte

In der künftigen Gesellschaft hingegen ist jeder Erwachsene über Verbraucher- und Produzentenräte an gesellschaftlichen Entscheidungen beteiligt (für Schüler, Auszubildende und Studenten unter 25 Jahren gibt es entsprechende Regelungen s. u. „Bildungswesen"). Auf der Seite der Verbraucher sind dies der Rat der Hausgemeinschaft, bei größeren Städten des Stadtteils und bei kleinen und mittleren Gemeinden der Ortschaft, der Stadt und der Region, auf der Produzentenseite der Abteilungs-/Kleinbetriebsrat, der Betriebs- und Branchenrat, je nach Bedarf aufgrund der größeren Anzahl der vertretenen Betriebe ebenfalls untergliedert in Regionalräte. Im höchsten Rat, dem Nationalrat sind schließlich Mitglieder vertreten, die möglichst beide Seiten als Ratsmitglieder kennengelernt haben sollten.

Es gilt das Prinzip der partizipativen Demokratie durch Rotation. Nicht durch Wahlen, in denen starke Persönlichkeiten und Gruppen (Parteien) an Einfluss und Macht gewinnen, sondern durch die rotierende Beteiligung jedes erwachsenen Bürgers kann die Gefahr einer antidemokratischen Entwicklung minimiert und die Demokratie (Volksherrschaft) zur vollen Blüte gebracht werden.

Für den einzelnen Verbraucher/Produzenten (außer den wissenschaftlichen Beiräten s.u.) gilt, dass er im Laufe seines Arbeitslebens mit gewissen Unterbrechungen 3-4 mal Mitglied eines Rates und zwar möglichst wechselnd zwischen Verbraucher- und Produzentenräten wird. (Für Behinderte gibt es Sonderregelungen, s.u."Inklusion").

Mit dem Alter steigt der Verantwortungsbereich, für die der Einzelne zuständig ist, d.h. man beginnt ab dem 25. Lebensjahr im Rat der Hausgemeinschaft (Ebene 1), ab dem 45.Lebensjahr über den Stadtteil-,Orts-, Abteilungs- bzw. Betriebsrat (Ebene 2) und ab dem 55. Lebensjahr in den Branchen- und Regionalrat bis in den Nationalrat (Ebene 3), evt. internationale Räte aufzusteigen. Auf nationaler Ebene wird das Renteneintrittsalter (Beendigung der aktiven Arbeitsphase) von 60 Jahren auch als Höchstalter für die Mitgliedschaft in einem Rat festgesetzt. Jedoch können in die internationale Gremien Bürger mit einem Alter von über 60 Jahre von den Räten der Ebene 3 delegiert werden.

Die Mitgliedschaft in einem Rat dauert 2 Jahre, wobei zu berücksichtigen ist, dass jedes Jahr eine

Hälfte an Mitglieder ausscheidet und die frei werdenden Sitze wieder von neuen Mandatsträgern besetzt werden. Zur Einführung der partizipativen Demokratie werden die Räte auf der jeweiligen Ebene von den ältesten Jahrgängen besetzt, d.h. auf Ebene eins (Hausgemeinschaften) von den 44-jährigen, Ebene zwei (Abteilungen/Kleinbetriebe, Betriebe und Orte / Stadtteile, Städte) von den 54jährigen und Ebene 3 (Region, Branche, Nation) von den 59-jährigen die eine Hälfte der Sitze für 2 Jahre besetzt. Sie scheiden nach 2 Jahren aus den Räten aus. Nach einem Jahr rückt ein jüngerer Jahrgang in die jeweilige Jahrgangsstufe auf, sodass die entsprechende Zahl an Jahrgängen für jede Ebene wieder vollständig ist. Auf der Ebene eins sind dies die 25-, Ebene zwei die 45- und Ebene drei die 55-jährigen.

In den weiteren Ausführungen gehe ich von einem Beispiel mit angenommenen realitätsnahen Zahlen aus.

Bei der Besetzung der Räte werden auf der Ratsebene eins 480.000 Hausgemeinschaften mit ca.100 Bewohnern/Hausgemeinschaft angenommen. Dies ergibt eine Gesamtbevölkerung von 48 Millionen Einwohner. Weiterhin kann man in Betracht ziehen, dass aufgrund der medizinischen

Fortschritte und gesünderer Lebensweise viele Menschen 100 Jahre und sogar älter werden. Im Durchschnitt ergibt wiederum jeder Jahrgang von 0-100 Jahren einen Bevölkerungsanteil von 480.000 Einwohner/Jahresalter. Aufgrund von Sterbefällen wegen Krankheit, Unfall usw. kann bei den jüngeren Jahrgängen mit einem größeren Einwohneranteil als bei den älteren Jahrgängen gerechnet werden. Daher ist bei den 25-44 jährigen von 500.000 statt von 480.000 Einwohnern/Jahr auszugehen. Zahlenmäßig nicht bedeutend aber doch zu erwähnen sind der Abzug der Wissenschaftler in Beiräten, geistig behinderter Menschen und von Bürgern, denen aufgrund einer Gerichtsentscheidung die Mandatsfähigkeit abgesprochen wurde. Bei den mandatsfähigen Bürgern wird per Los entschieden, in welchem Jahr der insgesamt 20 Jahrgänge und insgesamt ca. 10 Millionen Bürgern sie einen Ratssitz auf der Ebene 1 übernehmen können.

Für diese Ratsebene gilt daher für jedes Jahr:

500.000 Kandidaten x 2 Sitze: 2 (Hälfte der Sitze/Jahr) = 500.000 zu besetzende Sitze.

Auf der Ebene eins kann aufgrund der geringen und übersichtlichen Zahl an Mitgliedern die direkte

Demokratie noch unmittelbar ausgeübt werden. Jeden Monat findet ein Plenum statt, auf der alle wichtigen Beschlüsse gefasst werden, die die 2 Ratsmitglieder dann umzusetzen haben.

Bei der nächst höheren Ebene zwei erfolgt analog zum Verfahren der Ebene eins und aus den o.g. Gründen mit einer geringeren Anzahl an Bürgern und zwar im Durchschnitt 490.000 Mitglieder/ Jahrgang für die Altersjahrgänge vom 45.bis 54. Lebensjahr (10 Jahrgänge). Ca. 490.000 Sitze sind jedes Jahr zu vergeben. Für 10 Jahre stehen ca. 4.900.000 Kandidaten zur Verfügung.

Die Kandidatenzahl muss den Sitzen entsprechend so aufgeteilt werden, dass sie zu den jeweiligen Bereichen passen. Die Bereiche und ihre Sitze sind:

Stadtteil/Ortschaftsrat:

9.500   x 50 Sitze : 2   =   237.500 Sitze

Stadtrat:

200   x 350 Sitze : 2   =   35.000 Sitze

Abteilungen/Kleinbetriebsräte

55.000   x   4 Sitze : 2 = 110.000 Sitze

Betriebsrat:

3.600 x 50 Sitze : 2 = 90.000 Sitze

Betriebsrat Großbetriebe:

175 x 200 Sitze : 2 = 17.500 Sitze

Summe: 490.000 Sitze

Angaben zu den Bewohnern und Beschäftigten:

Stadtteil/Ortschaft: bis 30.000 Einwohner

Städte: über 30.000 Einwohner

Abteilungen/Kleinbetriebe: bis 500 Beschäftigte

Betriebe: über 500 bis 5000 Beschäftigte

Großbetriebe: über 5000 Beschäftigte

Auch in den Abteilungen und Kleinbetrieben kann die direkte Demokratie wegen ihrer Übersichtlichkeit an Teilnehmern ausgeübt werden. Wie bei den Hausgemeinschaften findet einmal monatlich ein Plenum statt, auf der alle wichtigen Fragen besprochen und entschieden werden. Der Abteilungs- bzw. der Kleinbetriebsrat wird mit der Ausführung der Beschlüsse beauftragt.

Die Besetzung auf der dritten Ebene verläuft nach dem gleichen Prinzip wie auf den beiden unte-

ren Ebenen. Es werden die 55-59jährigen (5 Alters-
jahre) berücksichtigt. Insgesamt sind es 2.375.000
Personen, für jedes Jahrgangsalter 475.000 Bürger.
Entsprechend der Bereichssitze werden sie per Losverfahren ermittelt.

Nationalrat:

| 1 x 2.000 Sitze : 2 | = | 1.000 Sitze |

Regionalräte:

| 80 x 1.800 Sitze : 2 | = | 72.000 Sitze |

Branchenräte:

| 180 x 1.800 Sitze : 2 | = | 162.000 Sitze |

Branchenregionalräte:

| 300 x 1.600 Sitze : 2 | = | 240.000 Sitze |

| Summe | | 475.000 Sitze |

Allgemein gilt: Auf jeder der drei Ratsebenen
muss die Gesamtzahl der zu delegierenden Bürger
geteilt durch die Altersstufen der Zahl der zu beset-
zenden Ratssitze entsprechen. Natürlich schwankt
jedes Jahr die Zahl der mandatsfähigen Bürger. Im
Verhältnis zur großen Zahl an Sitze wirkt sich dies
jedoch geringfügig aus. Es kann jedoch vorkommen, dass in Räten die eine Hälfte der Mandatsträ-

ger eine kleinere bzw. größere Anzahl an Sitze zur Verfügung hat.

Für die Räte auf den verschiedenen Ebenen ergeben sich z.B. folgende gesamte Mitgliederzahlen:

<u>Konsumentenseite:</u>

1 Nationalrat x 1.000 Mitglieder (Hälfte) =
1.000 Mitglieder

80 Regionalräte x 1800 Mitglieder =
144.000 Mitglieder

200 Stadträte x 350 Mitglieder =
70.000 Mitglieder

9.500 Stadtteil/Ortschaftsr. x 50 Mitgl. =
475.000 Mitglieder

500.000 Hausgemeinschaftsr. x 2 Mitgl. =
1.000.000 Mitglieder

auf der Konsumentenseite sind dies:
<u>1.690.000 Mitglieder</u>

Produzentenseite:

1 Nationalrat x 1.000 Mitglieder (Hälfte) =
1.000 Mitglieder

180 Branchenräte x 1.800 Mitglieder =
324.000 Mitglieder

300 Branchenregionalräte x 1.600 Mitgl. =
480.000 Mitglieder

175 Betriebsräte Großbetriebe x 200 Mitgl.=
35.000 Mitglieder

3.600 Betriebsräte x 50 Mitglieder =
180.000 Mitglieder

55.000 Abteilungs/Kleinbetriebsr. x 4 Mitgl.=
220.000 Mitglieder

auf der Produzentenseite sind dies:
1.240.000 Mitglieder

Jedes Jahr sind die Räte mit ca. 2.930.000 Mitgliedern besetzt. Wenn wir bei einer Gesamtbevölkerung von 48 Millionen und von einer zu berück-
sichtigenden Anzahl von Ratskandidaten auf Ebene
1 von 10.000.000, auf Ebene 2 von 4.900.000, Ebene 3 von 2.375.000 und zusammen von 17.275.000
haben, so beträgt der Anteil der Ratsmitglieder, ge-

messen an der Gesamtbevölkerung 6,1% und gemessen an der Gesamtsumme der Kandidaten 17%.

Eine Person kann nur in einem Rat vertreten sein, gleichgültig ob in einem Produzenten - oder Konsumentenrat. Da nur jeweils die Hälfte des Rates rotiert, muss die Dauer von 2 Jahren dem Prinzip der Effektivität gerecht werden. Es sind immer die Einarbeitungszeiten der neuen Mitglieder zu berücksichtigen.

Die Aufnahme in den Rat erfolgt jährlich gegen Jahresende für das neue Jahr, wenn die Hälfte aus dem Rat ausscheidet. In der Verwaltung des Orts- bzw. Stadtteilrates gibt es einsehbare Einwohnerlisten, nach denen die aufzunehmenden Ratsmitglieder per Losverfahren ermittelt werden.

Verglichen mit heute ist die Ratstätigkeit von 2 Jahren ein kurzer Zeitraum. Um alle Bürger an der Ratstätigkeit zu beteiligen, ist jedoch ein längerer Zeitraum kaum möglich. Andrerseits ist auch auf ein effektives Arbeiten in den Räten zu achten. Die Erfahrung wird zeigen, ob besonders für die obere Ratsebene Angebote zur Vorbereitung auf die kommenden Aufgaben an die Ratskandidaten gemacht werden müssen. Die Ratsneulinge haben jedoch schon ihre Erfahrungen in den Schul-, Ausbildungs- und unteren Räten gesammelt und gehen nicht unbedarft an ihre Ratstätigkeit heran.

Die Teilnahme an den Räten ist ein aus den demokratischen Prinzipien hergeleitetes unveräußerliches Recht, andrerseits aber auch eine Pflicht. Auf die Aufnahme in den Rat kann nur aus sehr begrenzten Gründen, die der Nationalrat festlegt, verzichtet werden. Dies gilt nur für eine Ratsebene. Bei der Nichtannahme des Ratsmandates muss der Verzichtende warten bis er wieder turnusgemäß für die Übernahme eines Ratssitzes in einem Rat auf höherer Ebene vorgesehen ist. Der Bürger kann nicht nach dem Motto handeln: Ich tausche lieber einen Ratssitz auf unterer Ebene gegen einen Sitz auf höherer Ebene ein bzw. umgekehrt.

Durch die theoretische Behandlung und die praktische Erlernung der Ratstätigkeit in den Schulen, in der Ausbildung und den Hochschulen ist jedoch die Ratsmitgliedschaft für die Erwachsenen etwas so selbstverständliches, dass es keine Frage des „Ob", höchstens des „Wie" ist, d.h. wie bringe ich mich ein, wo sind meine Schwerpunkte?

Ratsmitglieder können von den betroffenen Bürgern auch abberufen werden. Auf Antrag von 30% der Bürger des jeweiligen Zuständigkeitsbereichs

kann eine Abstimmung beantragt werden, ob Ratsmitglieder wegen eigenem Verschuldens das jeweilige Gremium verlassen müssen. Es muss auch darüber abgestimmt werden, wie lange eine Ratssper-
re gegenüber dem Ratsmitglied verhängt wird. Bei
60% Stimmenanteil erfolgt der Ausschluss. Einzelheiten für den Ausschluss legt der Nationalrat fest.

Die Ratsmitglieder auf der Produzentenseite
werden für die Ratssitzungen und für entsprechende Vor- und Nacharbeitszeiten von ihren Betrieben
unter Anrechnung als Arbeitszeit freigestellt. Auf
der Konsumentenseite finden die Sitzungen in der
Freizeit statt, werden jedoch von den Betrieben
ebenfalls als Arbeitszeit berücksichtigt. Der Zeitaufwand für die Sitzungen und die begleitenden
Vor- und Nacharbeitszeiten steigen mit der jeweiligen Ratsebene, d.h. Mitglieder des Nationalrates
sind größtenteils von der Arbeit im Betrieb freigestellt.

Es muss immer ein optimaler Ausgleich zwischen den Prinzipien der partizipativen Demokratie
und einer effektiven Arbeit zu transparenten Bedingungen in den Ratsorganen gefunden werden.

Weiterhin sollte darauf geachtet werden, dass für
die Ratsmitglieder ein Wechsel zwischen der Beset-

zung der Konsumenten- und der Produzentenräte stattfindet. Dies erweitert deren Sichtweise und führt zu sachgerechteren Entscheidungen in allen die Gesellschaft betreffende Fragen.

Die Anzahl der Ratssitze erscheint verglichen mit den heutigen Parlamentssitzen verhältnismäßig hoch. In den Räten werden jedoch die Aufgaben auf Ausschüsse und nötigenfalls Unterausschüsse wie z.B. im Nationalrat mit den Ausschüssen für Volkswirtschaftsplan, Außenhandel, Justiz, Bildung, Sicherheit, Koordinierung verteilt, die die Vorgaben an die zugehörige Verwaltung erarbeiten und diese auch kontrollieren. Da in der heutigen Gesellschaft die staatliche Bürokratie ein Machtfaktor ist, so wird der „regierende" Teil an Verwaltungsaufgaben auf die Räte übertragen, nur der ausführende Anteil verbleibt bei der Verwaltung. Außerdem ist die dreigliedrige Aufteilung der Staatsgewalten in Legislative, Judikative und Exekutive aufgehoben und auf die Räte übertragen. Dies muss auch bei der Beurteilung über die Anzahl der Sitze berücksichtigt werden.

Wer den Nationalrat z.B. im Koordinierungsausschuss auch nach außen vertritt und in diesem Sinne quasi die „Regierungsspitze" darstellt, kann der Nationalrat, aber auch die anderen Räte intern durch Wahl oder durch das Losverfahren bestimmen. Die Entscheidung hängt natürlich von den Erfahrungen in den jeweiligen Räten und Ausschüssen ab. Ich würde zum Losverfahren tendieren. Dasselbe gilt für die Vertreter in den Kontinentalräten und im Weltgemeinschaftsrat.

Die Räte können ebenso regeln, ob sie ihre Funktionsträger (Vorsitzender des Plenums, Stellvertreter, Moderator, Protokollant, Ausschussverantwortlicher) durch Rotation oder Wahl für eine bestimmte Zeit benennen. Erst die Anwendung in der Praxis bestätigt, welches Auswahlsystem das vorteilhafteste ist.

Die Rats- und Ausschusssitzungen sind öffentlich und werden von einem Moderator vorbereitet und geleitet, sowie der Verlauf und die Ergebnisse von einem Protokollanten festgehalten. Die Abstimmungen erfolgen nach demokratischen Mehrheitsverhältnissen. In den Nationalratssitzungen werden die Generaldebatten geführt, die eigentliche Arbeit findet jedoch in den Ausschüssen, bzw. Unterausschüssen statt.

Zwar können durch die elektronischen Medien alle Debatten ab Orts- und Betriebsebene übertragen und so mancher Beitrag des Publikums berücksichtigt werden, aber eine direkte Demokratie lebt von der Übersichtlichkeit und den direkten Handlungen der präsenten Teilnehmer. Auf der Hausgemeinschafts- und Abteilungs-/Kleinbetriebsebene sind die direktdemokratischen Elemente stark ausgebaut. Die Rahmenrichtlinien für das Maß an direkter Demokratie setzt der Nationalrat fest.

Die zuständigen Räte tragen die Verantwortung für ihren Bereich und sind gegenüber ihren Bürgern rechenschaftspflichtig. Sie können zwar bestimmte Aufgaben innerhalb des Rates an Ausschüsse delegieren, sind jedoch gesamtverantwortlich. Der Nationalrat erlässt eine für alle Räte verbindliche Rahmensatzung, innerhalb derer sich die einzelnen Räte eigene Satzungen geben können.

Die Aufgaben des Nationalrates sind vor allem:

- Aufstellung des Volkswirtschaftsplans und dessen Verifizierung

- Investitionspläne der Regionen überprüfen und koordinieren

- Produktionspläne der Branchen überprüfen und koordinieren

- Erlass von Rahmenregelungen für die Räte

- Verabschiedung von Regelungen (Gesetze) für die gesamte Nation

- Begrenzung und Abbau von bürokratischen Strukturen

- Höchste und letzte Instanz in Konfliktfällen

- Vertretung der Nation nach innen und außen

- Zusammenarbeit mit dem Kontinental- und Weltrat und Umsetzung deren Beschlüsse

- Zuständigkeit für die Außenwirtschaftskontakte mit der Überwachung des Zahlungsausgleichs zu anderen Volkswirtschaften.

Die unteren Räte sind jeweils für ihren Bereich zuständig. Die Konsumentenräte stellen die notwendigen Investitionen fest und lassen sie von den höheren Räten überprüfen und genehmigen. Dies gilt ebenso für die Produktionspläne der Betriebe, denen die übergeordneten Branchenräte zustimmen müssen. Dies ist eine schwierige Koordinierungsaufgabe, um auf Branchenebene einerseits die Produktionskapazitäten optimal zu nutzen und andrerseits die Bereitstellung der von der Volkswirtschaft angeforderten Güter zu gewährleisten. Hier ist ein beständiger Abstimmungsbedarf notwendig. Dabei können die unteren Räte im Rahmen der vom Nationalrat erlassenen generellen Regelungen ihre Arbeitsweise und ihre Kooperation mit den Betrieben festlegen. Nähere Einzelheiten dazu im Kapitel Planverlauf. Die Branchenräte sind auch für die Güterbewertung (s.u.), deren laufende Anpassung, die Industriestrukturpolitik und in Zusammenarbeit mit den Regionalräten für die Infrastruktur (s.u) zuständig.

Die Konsumenten- und Produzentenräte sind nicht strikt voneinander getrennt. Zwischen ihnen gibt es auf lokaler und regionaler Ebene ein reger Austausch an Informationen. Es werden ad-hoc-Räte zwischen ihnen zur Lösung aufgetretener Probleme und zur Bearbeitung größerer Investitionsvorhaben gebildet.

Die sogenannte Gewaltenteilung zwischen Regierung, Parlament und Justiz im heutigen Sinne ist aufgehoben, der Nationalrat ist auf nationaler Ebene zugleich das Parlament, die Regierung und höchstes Gericht, die Umsetzung erfolgt in den Ausschüssen. Da das Partizipations- und nicht das Repräsentationsprinzip gilt, d.h. das Volk unmittelbar über die Räte an der Ausübung der Macht, wenn auch für jeden nur zeitlich begrenzt, beteiligt ist, muss daher die Macht auch nicht zwischen den demokratischen Institutionen geteilt werden. Die

Räte können Aufgaben an einzelne Mitglieder für bestimmte Zeit übertragen, sie aber jederzeit von ihrer Verantwortung entbinden.

Zur Unterstützung der Räte werden wissenschaftliche Beiräte mit Vetorecht (s.u.) und insbesondere für die höheren Räte Fachkräfte für die Verwaltung (s.u.), die jedoch kein Stimmrecht haben, von der Gesellschaft bereitgestellt. Natürlich sind die Verwaltungsfachkräfte als Einzelpersonen, aber nicht die Mitglieder der wissenschaftlichen Beiräte in das Rätesystem mit eingebunden.

Die partizipative Demokratie ist die „Krone" der Demokratieentwicklung. Wenn davon auszugehen ist, dass bei einer Bevölkerungszahl von 48 Millionen Einwohner und einem Anteil an stimmberechtigten Erwerbstätigen von 17,275 Millionen eine direkte unmittelbare Demokratie z. B. in Form von Volksversammlungen und Befragungen nicht möglich ist, kann die unmittelbare Demokratie nur in einer vorübergehenden Beauftragung bestehen. Zur wirklichen Demokratie gehört nicht nur das Wählen, Abstimmen oder Delegieren sondern auch das politische Gestalten des Gemeinwesens. Und dies ist für jeden Erwerbstätigen auf Zeit gegeben. Zwar sind die Kinder und Jungerwachsene bis zum Alter von 25 Jahren und die Älteren über 61 Jahre nicht

(Ausnahme: internationale Räte) mit einbezogen, aber über die Schüler-, Ausbildungs- und Studentenräte lernt die Jugend das Handwerkszeug der Partizipation theoretisch und praktisch kennen. Für die Rentner gibt es Rentnerräte mit Mitwirkungsrechten in all sie betreffenden Fragen.

Um als Organisationsform erfolgreich zu sein, muss die Partizipation von der großen Mehrheit des Volkes getragen werden. Ich gehe davon aus, dass die repräsentative Demokratie nach den heutigen Prinzipien (voraussichtlich in verbesserter Form) der partizipativen Demokratie vorausgeht. Vor der Einführung dieser neuen Demokratieform ist eine Volksabstimmung notwendig, und es sollte ein Zustimmungsquorum von 2/3 aller Wahlberechtigten erreicht werden.

Die wissenschaftlichen Beiräte

In der heutigen Zeit ist die Meinung der Wissenschaft auch gefragt. In den Parlamenten werden vor der Verabschiedung von Gesetzen oft Expertenanhörungen durchgeführt. Die Fraktionen können Fachleute aus der Wissenschaft und der Praxis benennen. Die Experten bringen ihren Wissensstand ein, sind jedoch aufgrund ihrer Einbeziehung durch die Fraktionen und gewisser Bindungen nicht neutral sondern interessengeleitet. In gesellschaftlichen Fragen kommt es auch drauf an, welche Denkschulen von den Abgeordneten mit einbezogen werden. Dies beeinträchtigt natürlich den objektiven wissenschaftlichen Standpunkt, falls er überhaupt vorhanden ist.

Auch der fünfköpfige Sachverständigenrat zur Begutachtung der gesamtwirtschaftlichen Entwicklung (die 5 Wirtschaftsweisen) wird von der Bundesregierung bestellt und gibt ein Jahresgutachten ab. Aufgrund seiner Bestellung durch die Bundesregierung ist er nicht ungebunden sondern in der Mehrzahl den wirtschaftlichen Vorstellungen der Regierung verbunden. Neben dem Sachverständigenrat für Ökonomie gibt es noch weitere Räte wie für Gesundheit, Ökologie usw. Es fehlt jedoch ein Sachverständigenrat für die Darstellung der ge-

samtgesellschaftlichen Zusammenhänge. Außerdem haben die Räte nur die Möglichkeit zur Abgabe von Stellungnahmen mit einer gewissen öffentlich-medialen Wirkung, einen direkten Einfluss auf die Entscheidungsfindung der Politik besitzen sie jedoch nicht. Sie haben z.B. im Interesse der nicht vertretenen Natur kein Einspruchsrecht bei Entscheidungen der Politik.

In der künftigen Gesellschaftsordnung werden den Produzenten- und Verbraucherräten Beiräte mit Wissenschaftlern aus den Bereichen der Ökologie, des Ingenieurwesens, der Soziologie, Medizin, Mathematik / Statistik, Volks- und Betriebswirtschaft usw. zugeordnet, die nur beratend wirken, nicht abstimmungsberechtigt sind aber über ein Vetorecht bei Abstimmungen verfügen. Im Konfliktfall entscheidet der nächst höhere Rat unter beratender Beteiligung seines wissenschaftlichen Beirates, der in diesem Fall jedoch kein Vetorecht besitzt. Bei Konfliktfällen zwischen einem höheren Rat und dem beigeordneten wissenschaftlichen Beirat wird eine Volksabstimmung für den betroffenen Bereich durchgeführt. Der Sinn der Beiratsbeteiligung ist vor allem die Wahrnehmung der Existenzrechte der nicht vertretenen Natur, der Minderheitenschutz und die Auswirkungen der Ratsbeschlüsse auf

Mensch, Gesellschaft und Umwelt. Ein Ratsbeschluss ohne Zustimmung des zuständigen Beirates ist nicht gültig, bzw. die Zustimmung wird durch den höheren Rat oder durch eine Volksabstimmung ersetzt.

Auch Einzelhaushalte können für ihre Konsumplanungen anteilsfrei wissenschaftlichen Rat in Anspruch nehmen. In Zeiten der Nichtbeteiligung arbeiten die Wissenschaftler forschend und lehrend an ihren Instituten, Universitäten oder begleiten weiterhin beratend die Produktions- und Konsumtionseinheiten.

Aufgrund ihres Beratungs- und Vetorechts und möglicher Interessenkollisionen sind die wissenschaftlichen Beiräte nicht in das allgemeine Rätesystem eingebunden. Jedoch nehmen Wissenschaftler, die nicht in den Beiräten vertreten sind, an der Rotation des Rätesystems teil, müssen aber bei Eintritt in den wissenschaftlichen Beirat aus dem Rätesystem ausscheiden.

Die Wissenschaftler für die Beiräte werden von den wissenschaftlichen Einrichtungen vorgeschlagen und von dem Orts-/Stadtteil-/ Betriebsrat für den Beirat der untersten Ebene der Hausgemeinschaftsräte berufen. In die höheren Beiräte rücken sie nach einem speziellen Rotationsprinzip auf.

Über ein gerechtes und effizientes Rotationsverfahren wacht ein von den wissenschaftlichen Einrichtungen eingesetzter und rotierender Institutionenrat. In den Beiräten ist jeweils ein Angehöriger einer Wissenschaftsrichtung vertreten. Nach Bedarf können wissenschaftliche Vertreter aus weiteren Wissenschaftsgebieten hinzugezogen werden. Der Nationalrat legt jedoch fest, welche Wissenschaften zu den Kernwissenschaften (z.B. Ökologie, Soziologie) gehören, die ständig in den Wissenschaftsbeiräten vertreten sein müssen.

Eine Sonderrolle spielen die wissenschaftlichen Beiräte im Gerichtswesen. (s.S.203 ff)

Die Kontinentalräte und der Weltgemeinschaftsrat

Die heutigen Vereinten Nationen wurden kurz nach Ende des 2.Weltkrieges vor allem unter dem Eindruck der immensen Verluste an Menschen und materiellen Zerstörungen gegründet. Die Siegermächte haben sich durch die ständige Vertretung und ihr Vetorecht im Sicherheitsrat eine privilegierte Stellung gesichert. Trotzdem war die Gründung der Vereinten Nationen ein Fortschritt für die Menschheit. Gerade ihre Aufgaben, die Sicherung des Weltfriedens, die Einhaltung des Völkerrechts und der Menschenrechte sowie die Förderung der Zusammenarbeit unter den Mitgliedsstaaten auf vielen Ebenen hat die UN zu dem wichtigsten überstaatlichen Instrument für die Überlebenssicherung und Weiterentwicklung der Menschheit gemacht.

Durch die bisherige Blockkonfrontation zwischen Ost und West, fortgeführt in der Konkurrenz des Westens zu den BRICS - Staaten, vor allem in der Gegnerschaft zu Russland und dem politischen Islam, die Abhängigkeit des Südens vom Norden und die militärisch-finanzielle Übermacht der USA wird die Arbeit der UN immer wieder blockiert, das Völkerrecht missachtet und die Bemühungen der UN um den Weltfrieden und das Wohl der Mitgliedsstaaten und ihrer Menschen stark erschwert.

Solange Staaten oder Staatenbündnisse wie die EU mit einem überwältigenden Potential an Wirtschaftskraft vorherrschen und die NATO mit ihrer militärischen Macht ihre Interessen in der Weltpolitik notfalls mit Gewalt durchsetzen kann, ist die Arbeit der UN stets gefährdet.

In Europa soll der Zusammenschluss der Länder zur europäischen Union die Konkurrenzfähigkeit gegenüber anderen großen Staaten und Staatenbünde erhöhen. Europa soll im internationalen Wettbewerb bestehen und möglichst eine herausgehobene Stellung erreichen. Dies geht letztendlich zu Lasten der anderen Weltregionen und verschärft die Konkurrenz unter den Ländern anstatt deren Kooperation zu fördern. Während die UN ein Weltgesamtinteresse verfolgt, ist das Interesse der EU egozentrisch auf Europa gerichtet. Die Einführung einer Freihandelszone mit den USA soll das gebündelte ökonomische Potential der USA und Europas gegen das aufstrebende Gewicht der BRICS - Staaten (Brasilien, Russland, Indien, China, Südafrika) in Stellung bringen.

In einer künftigen Weltordnung ist die Grund-voraussetzung, dass es keine hoch- und unterent-wickelte Nationen gibt, sondern dass die Länder sich auf Augenhöhe begegnen können.

Jede Nation sollte daher aus Paritätsgründen und um als politisches Gebilde transparent gestaltet und verwaltet werden zu können, nicht mehr als 50 Mil-lionen Bewohner haben. Dies bedeutet, dass heuti-ge Großstaaten wie Russland, USA und China in mehrere Einzelstaaten geteilt werden müssten.

Dies mag für manchen Leser illusorisch erschei-nen, aber schon heute haben New Yorker Bürger trotz gemeinsamer Sprache wenig mit den Bürgern des Mittleren Westens gemeinsam oder die Bewoh-ner Sibiriens haben andere Interessen wie die euro-päischen Russen. Schließlich stehen in Deutschland und angrenzenden Länder die Österreicher den Bayern und die Elsässer den Badenern näher als Nord- und Ostdeutsche. Besonders künstlich sind die durch die Kolonialzeiten gezogene Grenzen in Afrika, die ganze Völker trennen und immer wieder Anlass zu Stammesauseinandersetzungen und zu Bürgerkriegen geben.

Deutschland müsste daher in 2 Gliedstaaten, z.B. in eine nördliche und eine südliche Nation, evtl. ergänzt durch adäquate Nachbarregionen, aufgeteilt werden. Da die neuen Nationen nur Verwaltungs- und Wirtschaftseinheiten mit offenen Grenzen sind, bedeutet dies für die Menschen im Grenzbereich keine Einschränkung ihrer Kontaktmöglichkeiten. Bei der Neugliederung heutiger größerer Staatswesen ist auf die Geschichte, Tradition, Sprache und Kultur der betroffenen Völker zu achten. Notfalls müssen Volksabstimmungen über die jeweilige Zugehörigkeit stattfinden. Auch können Internationenräte eingerichtet werden, die die vielseitigen Beziehungen der Nationen eines bisherigen Großstaates koordinieren. Diese Räte können sich aus Delegierte der jeweiligen Nationalräte zusammensetzen.

Da die Länder unterschiedlich besiedelt sind, sind Staaten mit geringer Bevölkerungsdichte natürlich an Fläche größer als dicht besiedelte Nationengebilde. Weiterhin sollte darauf geachtet werden, dass jede Nation wirtschaftlich überlebens- und entwicklungsfähig ist. Ein Land, das sich nur über Wüstengebiete ohne Bodenschätze und genügende Produktionsstätten erstreckt, kann auf Dauer nicht ohne die Hilfe anderer Nationen existieren.

Die Nationen eines Kontinentes richten zusammen einen Kontinentalrat ein. Die Nationalräte der jeweiligen Länder delegieren eine im Verhältnis zur Bevölkerung festgelegte Anzahl von Mitgliedern in den Kontinentalrat. Dieser achtet auf das friedliche Zusammenleben der Nationen und ist für Streitschlichtungen sowie für den wirtschaftlichen Ausgleich, Entwicklung der Volkswirtschaften, Verkehrsverbindungen zwischen den kontinentalen Ländern und Notmaßnahmen z.b. infolge von Naturkatastrophen, Ernteausfällen usw. und die Gesundheit der Bewohner zuständig.

Die wichtigste Aufgabe des Kontinentalrates ist die Entwicklung der Volkswirtschaften und der notwendige Ausgleich zwischen ihnen. Jeder Mensch, gleichgültig, welcher Nation in der Welt er angehört, sollte die Aussicht auf ein Leben in Wohlergehen und ohne Umweltbelastungen haben. Da in allen Ländern für die Menschen in etwa gleiche Lebenschancen ohne Kriegsgefahr herrschen, bestehen daher keine Fluchtursachen mehr.

Notfalls sind Leistungen von Volkswirtschaften, die bereits einen höheren Stand der Entwicklung erreicht haben, an die schwächer entwickelten Nationalwirtschaften bereitzustellen. Die Hilfe kann durch Fachpersonal, der Überlassung von Produktionsmitteln oder der ausgleichsfreien Lieferung von Gütern erfolgen. Auch die Verlagerung von ganzen oder Teilbranchen von einer Nation zur anderen z. B. aus Gründen der auszugleichenden Umweltbelastung kann vom Kontinentalrat in Abstimmung mit den betroffenen Nationalräten beschlossen und durchgeführt werden.

Neben der Delegation in den Kontinentalrat werden auch Delegierte der Nationalräte in den Weltgemeinschaftsrat (kurz: Weltrat), der die entsprechenden Aufgaben des Kontinentalrates für alle Kontinente zu lösen hat und für Ausgleich zwischen den Kontinenten im Interesse der Weltgemeinschaft sorgt, entsandt. Im Kontinental- und Weltrat werden als Arbeitsgrundlage für Entscheidungen die Daten der jeweiligen Nationalräte gesammelt, zusammengefasst und ausgewertet.

Die Kontinentalräte und der Weltrat werden durch wissenschaftliche Beiräte, deren Mitglieder durch die nationalen Beiräte delegiert werden, begleitet. Die Aufgaben sind ähnlich wie bei den nationalen Räten, jeweils nur auf einer höheren Ebene. Auch hier bestehen Vetorechte der wissenschaftlichen Beiräten, worauf bei Gebrauch des Vetos der Weltrat als höchstmöglicher Rat in Verhandlungen mit den wissenschaftlichen Beiräten einen Kompromiss erzielen muss.

Neben dem Kontinental- und Weltrat existieren zwischen den Nationen über diplomatische Vertretungen weltweite direkte Kontakte. Hier können Angelegenheiten der Wirtschafts-, Kultur- und Verkehrsbeziehungen bilateral zwischen den Nationen im Rahmen der Kontinental- und Weltgemeinschaftsregeln verhandelt und Abmachungen beschlossen werden.

In allen Nationen weltweit ist das Militär abgeschafft und die Rüstung zu friedlichen Zwecken umgewidmet oder verschrottet. Kein Land ist fähig, Krieg gegen ein anderes Land zu führen. Deshalb müssen von keinem Kontinentalrat militärische Einheiten zur Aufrechterhaltung der Friedensordnung bereitgestellt werden. Konflikte zwischen den Nationen werden durch Schlichtungsausschüsse des Kontinentalrates mit wissenschaftlichen Beistand gelöst. Letzte Instanz für internationale Konflikte ist der Weltrat.

Die möglichen Problemfelder im Rätesystem

Das künftige Rätesystem lebt von dem Engagement seiner Bürger. Es liegt jedoch in der Natur des Menschen, dass nicht jeder in gleicher Weise sich in der Gemeinschaft einbringen kann. Es gibt jene, die zurückhaltender und introvertierter als andere sind. Lieber leben sie eher zurückgezogen, fühlen sich in der Kleingruppe wohler als in der Großgruppe, können sich auch nicht so gut artikulieren. Kurz gesagt, es gibt bestimmte menschliche Veranlagungen, die nicht so förderlich für die Übernahme von öffentlichen Aufgaben sind. Sicher erledigen die zurückhaltenden Menschen die ihnen von der Gesellschaft übertragenen Aufgaben zur allgemeinen vollsten Zufriedenheit, sie neigen jedoch dazu, die öffentlichen Funktionen in den Räten eher anderen zu überlassen. Jedoch ist das Recht auf Partizipation auch andrerseits eine Pflicht. Nur innerhalb weniger vom Nationalrat festgelegten Ausnahmen ist ein Verzicht darauf möglich. Die Abtretung der demokratischen Rechte an andere ist ausgeschlossen. Hier wäre ansonsten ein Einfallstor zur Anhäufung von Rechten und schließlich deren Missbrauch durch die in der Öffentlichkeit selbstbewusst auftretenden Gesellschaftsmitglieder. In der neuen Gesellschaftsordnung ist durch die Beschränkung der Ratstätigkeit auf 2 Jahre und die 3-4malige Inanspruchnahme der Ratstätigkeit einer zu großen und undemokratischen Einflussnahme einzelner ein Riegel vorgeschoben. Andrerseits sollte natürlich nicht auf das gesellschaftliche Engagement kluger Köpfe, die auch gut präsentieren können, verzichtet werden. Im rätedemokratischen Rahmen ist dies willkommen und sollte auch nicht behindert werden.

Schon in der Schule, wenn der verantwortliche Pädagoge ein mehr introvertiertes Verhalten an Schülern bemerkt, ist es seine Aufgabe, diese besonders zu fördern und zu ermutigen, sich in die schulischen Belange einzubringen. Gewisse menschliche Mängel lassen sich zwar dadurch nicht beseitigen aber so weit vermindern, dass es nicht zur psychischen Belastung und zur Einschränkung der Handlungsfähigkeit kommt.

Die Beschränkung des Rätesystems auf die arbeitende Bevölkerung beinhaltet eine Benachteiligung der Jungerwachsenen (18-24 Jahre) und der Senioren im Rentenalter. Es ist jedoch nicht möglich die Alten und die Jungen wegen ihrem hohen Anteil an der Bevölkerung in das rotierende Rätesystem miteinzubeziehen. Die Jungen wachsen in die rätemäßig berücksichtigten Jahrgänge hinein und die Rentner haben ihre eigenen Räte, die in all sie betreffenden Fragen angehört werden müssen. Über ein Vetorecht der Seniorenräte müsste der Nationalrat entscheiden sowie den Rahmen ihrer Mitbestimmungsmöglichkeiten festlegen.

In diesem Zusammenhang ist noch auf eine besondere Benachteiligung hinzuweisen. Bei der erstmaligen Besetzung werden die ältesten einer Jahrgangsgruppe, wie ich unter dem Kapitel Rätesystem beschrieben habe, für die drei Ebenen berücksichtigt. Jedoch könnten im Anschluss daran für 3-4 Jahre die entsprechenden Jahrgänge, also die 41-45-jährigen auf der Ebene 1, die 51-55 jährigen auf der Ebene 2 und die 56-60-jährigen auf der Ebene 3 möglicherweise nicht voll berücksichtigt werden. Bei den beiden unteren Gruppen der Ebene eins und zwei ist es nicht so nachteilig, weil sie altersmäßig bald in die nächsthöhere Stufe aufrücken, aber bei der ältesten Gruppe der Ebene 3 kann es möglich sein, dass der eine oder andere Bürger überhaupt nicht für den Rat berücksichtigt wird, bevor er 60 Jahre alt wird und danach aus dem Feld der mandatsfähigen Bürger ausscheidet. Die für einen Ratssitz nicht berücksichtigten Bürger müssten daher für die internationalen Räte bevorzugt und durch ein besonderes Losverfahren ausgewählt

werden. Erst wenn ein Jahrgang ab dem 25.Lebens-
jahr für die Ratssitzverteilung miteinbezogen wird,
können alle Kandidaten dieses Jahrgangs für die
drei Ebenen voll berücksichtigt werden. Dann können auf Ebene 1 für diese Amtszeit 500.000 Ge-
samtkandidaten, d.h. 500.000 Kandidaten : 20 Al-
tersjahre = 25.000 Kandidaten/Jahrgang für den Rat
aufgenommen werden. Dieses Verfahren setzt sich
von Jahr zu Jahr und von Ebene zu Ebene fort. Für
die älteren Jahrgänge insbesondere wie ich es oben
beschrieben habe, sind Übergangsregelungen einzuführen.

Der oberste Rat, der Nationalrat ist mit den unteren Räten der Regionen und Branchen auf der Ebene 3 zusammengefasst. Der Nationalrat hat jährlich
1.000 Sitze und die anderen Räte 474.000 Sitze zu
besetzen. Wenn auf dieser Ebene das Losverfahren
durchgeführt wird, dann sind die Chancen 1 zu 474
für jeden künftigen Mandatsträger einen Sitz im
Nationalrat besetzen zu können. Dies ist natürlich
eine reine Glückssache. Man kann jedoch nicht
eine 4.Ratsebene mit 474.000 Sitze für einen Nationalrat bilden, dann wird es für diesen total unüber-
sichtlich und der Nationalrat ist nicht arbeitsfähig.
Eine Wartezeit einzubauen ergibt mit den Jahren
einen so hohen Rückstau an Kandidaten, dass er

nicht aufgelöst werden kann. Die Lösung liegt in einer Kompetenz- und Aufgabenteilung zwischen National- und Regional-/ Branchenräte, der trotz Über- und Unterordnung zu einer ausgeglichenen Kompetenz- und effizienten Aufgabenverteilung zwischen den beiden Ratsstufen führt. Während der Nationalrat vor allem für den Außenbereich mit den Beziehungen zu anderen Nationen und internationalen Organisationen sowie der Nation als Ganzes zuständig ist, fallen die eigentlichen Plankoordinierungsaufgaben und die wirtschaftlichen Vorgaben (z.B. Güterwerte) und ihre Verifizierung in die Kompetenz der Branchen- und Regionalräte. Auch könnte ein Ausgleich dadurch erzielt werden, dass einerseits Mitglieder aus den unteren Räten der Ebene 2 für die höheren Räte der Ebene 3 einschließlich des Nationalrates nominiert und andrerseits die Mitglieder der unteren Räte der Ebene 3 nach ihrem Ausscheiden für die Besetzung der internationalen Räte vorgesehen sind.

Nicht zu sehr würde die ungleiche Besetzung der Ratshälften aufgrund der unterschiedlichen Stärke der Jahrgänge in das Gewicht fallen.

Die große Anzahl an Ratssitze in den Branchen- und Regionalräte ersetzt durch ihre Arbeit einen großen Teil der Verwaltung. Man sollte nicht das

Gewicht an Koordinierungsaufgaben zwischen den Branchen und Regionen unterschätzen. Trotz hoch entwickelter Computertechnologie sind oft so viele Details zu berücksichtigen, aber auch Abstimmungs- und Überzeugungsarbeit zu leisten, dass eine gute Ratsbesetzung zu rechtfertigen ist. Verglichen mit heute müsste neben den Abgeordneten auch die obere Hierarchie der staatlichen Administration berücksichtigt werden. Dann würde die Anzahl der Mitarbeiter von heute den künftigen Ratsmitgliedern und zugehöriger Verwaltung bei weitem überwiegen.

Ein weiteres Problem ist die weltweite Zusammenarbeit und die unterschiedliche Entwicklung der einzelnen Nationen. Dies hängt von der gesellschaftlichen und ökonomischen Entwicklungsstufe, der Geschichte, den Ressourcen usw. jeder Nation ab, und dies kann zwischen ihnen sehr variieren. Man muss davon ausgehen, dass auf längere Zeit die einzelnen Volkswirtschaften und Gesellschaften sich noch unterschiedlich entwickeln werden. Hier muss durch die Kontinental- und Welträte ein stabiler Ausgleich gefunden werden. Wenn der Ausgleich friedlich und ohne Androhung und Anwendung von Gewalt geschieht, ist dies schon ein gewaltiger Fortschritt in der Menschheitsgeschichte.

III Der Produktionsbereich

Die Wirtschaftsstruktur

Die heutige Wirtschaftsstruktur ist gekenn-
zeichnet durch einen stark abnehmenden primären
Bereich der Landwirtschaft und des Bergbaus,
einen stagnierenden bis leicht abnehmenden
sekundären Bereich der Industrie und schließlich
einen stark zunehmenden tertiären Bereich der
Dienstleistungen, insbesondere des Handels und
der Finanzen.

In allen Bereichen herrscht zwischen den wirt-
schaftlichen Einheiten eine starke Konkurrenz um
die höchstmöglichen Marktanteile. Dabei ist festzu-
stellen, dass sich Oligopole in den technisch am
weitesten entwickelten Industrien wie Automobil-
bau, Elektro-, Maschinen- und chemische Industrie
gebildet haben, in denen nur wenige Anbieter das
Marktgeschehen bestimmen. Über die Zulieferbe-
triebe und nach außerhalb vergebene Aufträge be-
einflussen diese Großbetriebe mit ihrer Wirt-
schafts- und Steuerkraft die Entwicklung ganzer
Regionen und können über den möglichen Ab- oder
Ausbau ihrer Produktionskapazitäten und damit
von Arbeitsplätzen die Politik unter Druck setzen.

Die Abhängigkeit der öffentlichen Hand von Steuereinnahmen der großen Wirtschaftseinheiten aber auch der Arbeitnehmerhaushalte sowie des Einzelhandels macht die öffentliche Verwaltung gefügig für die Ansprüche der Wirtschaftsmächtigen.

Andrerseits muss der Staat als „ideeller Gesamtkapitalist" im Interesse eines florierenden Gesamtkapitals wenn notwendig gegen das Einzelinteresse von Unternehmen und Branchen vorgehen. Dass er dabei mit starken und exportorientierten Industriezweigen und systemimmanenten Banken anders umgeht als mit einem Verband für den Klein-und Mittelstand, liegt auf der Hand.

Die Automobilfirmen wie auch die anderen Großunternehmen konkurrieren untereinander um die höchsten Marktanteile ihrer Produkte und folglich um höchstmöglichen Umsatz, höchstmöglichen Gewinn und die günstigste Rentabilität des eingesetzten Kapitals, die natürlich die Kapitalgeber am meisten interessiert. Derjenige Unternehmensleiter, der diese Ansprüche am besten zufriedenstellen kann, wird die höchste Kompetenz zugesprochen, was sich auch auf sein Einkommen auswirkt. Um die o.g. Ziele zu erreichen, werden nicht immer lautere Mittel eingesetzt, was sich unter anderem im Autoabgasskandal manifestierte. Für die Spit-

zenleute der Wirtschaft gilt: wer nichts riskiert, der nichts gewinnt. Das Eingehen von Risiken hart an der Grenze zum Illegalen und darüber hinaus macht den gefeierten Manager aus, nur darf er sich bei den illegalen Praktiken nicht erwischen lassen. Trotz der überaus wirtschaftsfreundlichen Gesetzgebung reizt es immer wieder die Unternehmensverantwortlichen, Gesetze kreativ zu umgehen und wenn es sein muss, auch zu verletzen.

Dass Unternehmen besonders gegenüber öffentlichen Auftraggebern durch verbotene Preisabsprachen die Konkurrenz zu ihren Gunsten ausschalten wollen, ist eine bekannte Tatsache. Auch wenn man es gerne in anderen Ländern vermutet, findet auch bei uns Korruption statt und haben sich mafiaähnliche Strukturen besonders in der Bauindustrie herausgebildet.

Sind z.B. die Autofirmen auch Konkurrenten untereinander, in ihren Forderungen gegenüber der Politik und der Öffentlichkeit treten sie geschlossen auf und versuchen durch starke Verbände und eine intensive Lobbyarbeit ihre Interessen wenn nötig auch zu Lasten ihrer Beschäftigten und der Gesamtbevölkerung durchzusetzen.

Der Einzelhandel hat gegenüber seinen Lieferanten eine starke Stellung erworben. Discounter wie Aldi oder Lidl diktieren die Abnahmepreise und Lieferbedingungen ohne Rücksicht auf den wirtschaftlichen Gedeih der Zulieferbetriebe. Um billig anzubieten und trotzdem einen guten Gewinn zu erzielen, erzeugen sie einen starken Preisdruck, sodass die von ihnen abhängigen Betriebe ihrerseits den Kostensenkungsdruck erhöhen müssen und die Beschäftigten letztendlich die Leidtragenden sind. Dies gilt nicht nur im Lebensmittel- sondern auch im Textilbereich. Über die brutale Ausbeutung der südasiatischen Textilarbeiterinnen ist im Zusammenhang mit den Einstürzen von Fabrikgebäuden in den Medien berichtet worden. Ansätze zu einem fairen Handel ändern wenig an den ökonomischen Zwängen. Besonders hier gilt: „Die Letzten beißen die Hunde".

Aufgrund der guten Kapitalausstattung der großen Unternehmen spielt der Bankkredit nicht mehr die wichtige Rolle wie vor ca. 40 Jahren. Für die großen Banken haben daher die Einlagen- und Kreditgeschäfte ihre maßgebliche Bedeutung verloren. Ihr Schwergewicht mit ausgezeichneten Ge-

winnaussichten liegt heutzutage im weltweiten In-
vestmentgeschäft und Wertpapierhandel.

In der künftigen Gesellschaftsordnung sind die Produktionsmittel vergesellschaftet und es gibt keine Konkurrenz zwischen den Betrieben. Es wird auf rationales wirtschaftliches Handeln Wert gelegt, das bedeutet, dass einzelne oder ähnliche Produkte jeweils regional nur von einem Betrieb möglichst konsumenten- bzw. für Produktionsmittel betriebsnah hergestellt werden. Dies wirkt sich entsprechend so aus, dass die meist kleineren und mittleren Betriebe im heutigen Sinne dezentral angesiedelt sind. Es ist jedoch möglich, dass aus Optimierungsgründen u.a. nur ein nationaler pharmazeutischer Betrieb, der sich auf bestimmte Arzneien spezialisiert hat, besteht und dessen Betriebsstätte zentral gelegen ist. Dasselbe kann für 2-3 Betriebe des Fahrzeugbaus, die die Regionen in ihrem Versorgungsbereich mit Fahrzeugen beliefern, gelten. Genauso sind Betriebe für Maschinen, elektrische Haushaltsgeräte usw. zentral in ihrem Zuständigkeitsbereich angesiedelt. Reparatur- und Servicebetriebe sind dezentral an jedem größeren Ort vorhanden. Kleine bis mittlere Betriebe für den Konsumbedarf wie Kleidung, Haushaltswaren usw. finden sich in jeder Region.

Weiterhin ist von den Räten darauf zu achten, dass sich Produktionsbetriebe nicht an bestimmten Orten konzentrieren, was an anderen Orten zur Deindustrialisierung führt, d.h. eine regional ausgeglichene Industriestruktur muss gewährleistet sein. Hier sind komplexe Optimierungsarbeiten zwischen einerseits einer effektiven Produktion und andrerseits einer optimalen Güterversorgung vor allem von den Branchen- und ihren Regionalräten zu leisten.

Auch in der Zukunft wird es strukturelle Anpassungen geben. Aufgrund von technologischen Entwicklungen oder Änderung der Konsumentenorientierung werden bestimmte Güter nicht mehr oder stärker nachgefragt. Dies erfordert den Ab- bzw. Aufbau von Produktionskapazitäten sowie die Erhöhung oder Senkung der Anzahl an Arbeitskräften. Grundsätzlich wird versucht, die Betriebsstätte zu erhalten, ausrüstungsmäßig umzustellen und sich den neuen Gegebenheiten anzupassen. Die vorhandenen Arbeitsplätze sollen erhalten bleiben und die Arbeiter durch Schulung auf die neue Güterproduktion vorbereitet werden. Sollte es jedoch zu Betriebsschließungen kommen, so sind den Arbeitern von den Branchen- und Regionalräten adäquate Arbeitsplätze anzubieten und die Umstrukturierung muss im Rahmen eines Gesamtkonzepts für die jeweilige Region erfolgen.

Die Güterversorgung der Konsumenten erfolgt über Versorgungszentren in den Orten, wobei auch hier jeder Versorgungsbetrieb für ein bestimmtes regionales Gebiet zuständig ist. Die Belieferung der Zentren mit frischen Lebensmitteln wird vor allem durch örtliche landwirtschaftliche Betriebe, die sich auf bestimmte Nahrungsmittelsorten (Gemüse, Milch, Fleisch, Käse) spezialisiert haben, durchgeführt. Neben diesen frischen Nahrungsmitteln werden die Versorgungszentren mit länger haltbaren Lebensmitteln durch regionale Nahrungsmittelbetriebe versorgt.

Die lokalen Versorgungsbetriebe für Wasser, Energie, Abfallbeseitigung, Krankenhäuser usw. werden in Eigenregie der Orte/Städte geführt.

Für den Konsumenten, ob Einzel- oder Gemeinschaftskonsument ist eindeutig, welcher Betrieb ihn mit bestimmten Gütern versorgt. Konsumgüter aus dem Ausland werden über Importbetriebe an die Versorgungszentren weitergeleitet. Entsprechend werden eingeführte Produktionsmittel an die nachfragenden Betriebe ausgeliefert.

Die Rahmenrichtlinien für die Errichtung von Betrieben und die Optimierung zwischen Betriebsgröße, Zuständigkeitsbereich und Entfernung zu Konsumenten, weiterverarbeitenden Betrieb und Lieferanten werden vom Nationalrat, in ihrer Ausführung durch die Branchenräte und die Betriebsräte für ihre jeweiligen Bereiche festgelegt. Auch hier gilt der Grundsatz: wir brauchen nur so viel an Produktions-und Verteilungskapazität wie notwendig ist, um qualitativ hochwertige und quantitativ ausreichende Güter her- und bereitzustellen.

Der Planverlauf

Wenn man sich mit der heutigen Wirtschaftsord-
nung befasst, fällt auf, dass einerseits eine hohe
Plandichte und andrerseits Anarchie nebeneinan-
der bestehen. Jedes Unternehmen entwickelt Pläne,
um seine wirtschaftlichen Ziele und künftige Akti-
vitäten zu beschreiben und festzulegen. Es gibt auf
betrieblicher Ebene u.a. Produktions-, Kosten-,
Umsatz-, Gewinn- und Finanzpläne, während auf
volkswirtschaftlicher Ebene der planlose Markt
vorherrscht. Die Betriebe müssen den Markt erkun-
den und einschätzen, ob ihre Produkte vom Markt
zu welchem Preis akzeptiert werden. Auf dieses un-
sichere und unkalkulierbare Marktgeschehen bau-
en die betrieblichen Pläne auf. Dass so mancher
betriebliche Plan schnell zur Makulatur wird, liegt
in der Natur der Sache. Wenn ein Unternehmen
eine starke Marktstellung erreicht hat, erhöht sich
natürlich auch die planerische Sicherheit. Es muss
jedoch immer das Käuferverhalten, die Konkur-
renz, die Preisentwicklung usw. beobachten, um bei
Änderungen schnell reagieren und Plankorrekturen
vornehmen zu können.

Zwar gibt es auch auf volkswirtschaftlicher Ebe-
ne bestimmte Kennzahlen wie Wachstum, Staats-

verschuldung usw., die für die Zukunft angestrebt werden. Aus der Erfahrung der Vergangenheit und der Einschätzung der aktuellen ökonomischen Lage wird versucht, die Zukunft zu prognostizieren. Da auf das Marktgeschehen aus der Marktgläubigkeit heraus kein oder nur ein geringer Einfluss von Seiten des Staates ausgeübt wird, ist die Erreichung der angestrebten Kennziffern von vielen nicht beeinflussbaren Faktoren abhängig und somit sehr spekulativ.

Im Kapitalismus will bekanntlich der Unternehmer mit seinem Betrieb Gewinn erzielen. Daher muss er darauf achten, dass er kostengünstig seine möglichst begehrten Produkte an Konsumenten mit genügendem Einkommen bzw. an Unternehmen mit genügender Liquidität verkaufen kann. Diese unternehmerische Tätigkeit hängt von so vielen Variablen ab, dass der Unternehmer zwar in seinen Entscheidungen frei, jedoch für seinen ökonomischen Erfolg dem Markt total ausgeliefert ist. Sicher müssen die Konsumenten sich bekleiden, essen, und ein Obdach haben, aber allein die Befriedigung der Grundbedürfnisse, für das in den entwickelten Ökonomien genügend Kaufkraft, zwar sehr ungleich verteilt aber im Durchschnitt bis zur Sättigung auf der Nachfrageseite vorhanden ist, kann sich jedoch anders entwickeln als vorhergesehen.

Statt Fleisch wird aus gesundheitlichen Gründen mehr Gemüse gegessen; bei der Kleidung wird auf Billigware, da qualitativ schlecht, verzichtet; in einer Region, da viele Bewohner wegen steigender Arbeitslosigkeit wegziehen, sind viele Wohnungen nicht zu vermieten usw. Das heißt, in einem bestimmten Sektor werden wegen hoher Umsatzerwartungen ein Übermaß an Güter angeboten und Produktionsüberkapazitäten aufgebaut, die nach einiger Zeit wegen der nachlassenden Nachfrage wertlos werden. In Folge dieser diskontinuierlichen Wirtschaftsweise können ganze Regionen, Städte und viele Familien in Not und Armut stürzen.

In der künftigen Gesellschaftsordnung herrscht auch auf volkswirtschaftlicher Ebene planvolles Wirtschaften vor. Der Planungsprozess für das folgende Jahr läuft wie folgt ab:

Im <u>ersten Vierteljahr</u> können die Einzelkonsumenten (Familien, Einzelpersonen) und die Gemeinschaftsräte (Hausgemeinschaft, Ort und ihre Einrichtungen, Region) den Produzenten über das Netz Vorschläge für neue oder die Verbesserung bisheriger Produkte machen, die diese bis <u>Ende</u>

Mai mit Hilfe des wissenschaftlichen Beirates auf ihre Umsetzbarkeit und Nützlichkeit überprüfen.

Anfang Juni stellen die Betriebe ihre neuen selbst entwickelten und die geprüften, von der Bevölkerung und ihre Gemeinschaftseinrichtungen vorgeschlagenen Produkte mit ausführlichen Beschreibungen in das Netz.

Im Juli können die Konsumenten auf die Vorschläge der Betriebe reagieren und ihre Stellungnahmen abgeben. Bei Nichtberücksichtigung eines eingereichten Vorschlages können die Einzelkonsumenten mit der Unterstützung weiterer Konsumenten eine Nochmalsbefassung des abgelehnten Vorschlages und bei entsprechend großer Unterstützung die Berücksichtigung des Vorschlags, jedoch nur nach Zustimmung des wissenschaftlichen Beirates erreichen. Die Quoten dafür legt der Nationalrat fest.

Anfang August wird das Gesamtangebot für das kommende Jahr von den Betrieben in das Netz gestellt mit der Aufforderung an die Konsumenten ihren Konsumbedarf für das kommende Jahr anzumelden.

An die Produktionsmittelbetriebe können die anderen Betriebe vom Januar bis März ebenfalls ihre

Vorschläge für neue Produkte und eventuellen Bedarf richten. Diese Informationen werden von den Produktionsmittelbetrieben laufend bearbeitet und geprüft, schließlich wird in den Monaten <u>Juni bis Juli</u> über die neuen Produkte im ständigen Austausch mit den Branchenräten entschieden.

Im <u>August</u> werden die neu entwickelten Produktionsmittel in das Netz gestellt und das Gesamtangebot wird im <u>September</u> den betreffenden Branchen über das Netz bekanntgegeben.

Überhaupt findet über das Jahr ein reger Informationsaustausch zwischen den beiden volkswirtschaftlichen Sektoren der Konsumgüter- und Investitionsgüterindustrie (Bereich I) einerseits und der Produktionsmittelbetriebe (Bereich II) andrerseits statt. Die Produktangebote müssen nachhaltigen Grundsätzen und dem neuesten technischen Stand entsprechen. Sie werden von wissenschaftlichen Beiräten geprüft und für das Angebot in der Branchenöffentlichkeit freigegeben.

Aufgrund des Gesamtangebotes der Konsum- und Investitionsgüterbetriebe können die Privathaushalte im <u>August</u> die entsprechenden Anschaffungswünsche für die Gebrauchsgüter (Kleider, Haushaltsgegenstände, Dienstleistungen) und die

94

Gemeinschaften für ihre Investitionen (in Kultur- und Freizeiteinrichtungen, Infrastruktur usw.) für das folgende Jahr auf der Homepage der Betriebe angeben. Die Einzelverbraucher sind nicht verpflichtet, Angaben über ihre Konsumwünsche im Netz zu machen. Sie werden dann zahlenmässig mit dem Durchschnitt des Güterbedarfs erfasst.

Jeder Konsument und jede Gemeinschaft hat eine eigene Homepage, auf der die Konsum- und Investitionsangaben für die einzelnen Betriebe automatisch zusammengefasst werden. Für die täglichen Verbrauchsgüter wie Lebens- und Haushaltsmittel sind Angaben über den voraussichtlichen Verbrauch nur durch Schätzung festzustellen. Jedoch erhält jeder Haushalt am Anfang des Jahres von der regionalen Verrechnungsstelle eine Übersicht über die Summe seiner erworbenen Güter des vergangenen Jahres. Dies ist jedoch nur als Anhaltspunkt zu sehen, da sich die Konsumwünsche im Laufe des neuen Jahres ändern können, z.B. wird im neuen Jahr eher Tee statt Kaffee oder mehr Gemüse statt Fleisch verbraucht. Auch sind die Erfahrungswerte der Produzenten aus den vergangenen Jahren über die jeweilige Güterquantität hilfreich für die Planung. Die Verbraucher können durch die Änderung der Mengenangaben neue Präferenzen für die Produktion bestimmen, gewisse Plankorrekturen, aber in erheblich geringerem Umfang wie heute, können dann notwendig sein. Den geplanten Investitionen der Gemeinschaften müssen die Zustimmung der jeweiligen oberen Räte zugrunde liegen.

Die Planer der Betriebe errechnen aufgrund ihres Datenmaterials den von ihnen zu befriedigenden Güterbedarf für die Bevölkerung des jeweiligen Einzugsgebietes. Nicht nachgefragte Produkte können aus dem Angebot herausgenommen und neue Güter für die Produktionsplanung vorgesehen werden. Das gesamte Angebot an Konsum- und Investitionsgüter kann jedoch gegenüber heute stark reduziert werden. Es wird größter Wert darauf gelegt, dass aus Gründen der Nachhaltigkeit besonders langlebige und qualitativ hochwertige Gebrauchsgüter (Möbel, Kleidung, Elektrogeräte) produziert werden, die gegenüber heute nur nach längeren Zeitabständen ersetzt werden müssen. Dies gilt auch für die Investitionen z.B. im Freizeit- und Infrastrukturbereich.

Aufgrund des Konsum- und Investitionsbedarfs der Einzel- und Gemeinschaftshaushalte erstellen die Konsum- und Investitionsgüterbetriebe im September einen Produktionsplan für den gesamten

Betrieb. Die aufzuwendende Arbeitszeit und der Bedarf an Arbeitskräften ist ebenfalls einzuplanen. Vor der Weiterreichung der Produktionspläne an die Branchenräte müssen die Abteilungen aufgrund des betrieblichen Produktionsplanes ihren detaillierten Abteilungsplan erarbeiten und mit dem Betriebsrat abstimmen.

Es kann angenommen werden, dass diese Zeitspanne für die mit den Planungen befassten Ratsmitglieder sehr kurz ist. Aber schon seit Beginn des Jahres ermittelt man laufend den nötigen Bedarf an Produktionsmitteln, sodass die Daten im Planungsmonat nur geprüft und zusammengefasst werden müssen. Diese Vorgehensweise geschieht im laufenden Kontakt mit den Abteilungen des Betriebes.

Der zusammengefasste Gesamtplan wird im Oktober an den zuständigen Branchenrat weitergeleitet, der die Pläne aller Betriebe, für die er zuständig ist, zusammenfasst, bewertet und die Übereinstimmung innerhalb seines Bereichs und mit den anderen Branchenräte feststellt und bei Notwendigkeit korrigiert. Korrekturen sind dann auch von den jeweiligen Betrieben durchzuführen.

Ebenfalls Anfang Oktober geben die Betriebe der Bereiche I+II eine Meldung über den voraussichtlichen Bedarf an Produktionsmittel an die Produktionsmittelbetriebe ab. Diese Meldung enthält Angaben über Maschinen, Roh- Hilfs- und Betriebsstoffe sowie Halb- und Fertigfabrikate. Hierbei sind die Abnutzungszeiten der Maschinen, Einrichtungen und Gebäuden zu beachten und im entsprechenden Nutzungsrhythmus sind die abgenutzten Produktionsmittel zu ersetzen. Diese erste Information über den voraussichtlichen Bedarf ist wichtig für die Betriebe der Produktionsmittelherstellung, um selbst einen Betriebsplan und die Umsetzungspläne für die Abteilung zu entwerfen.

Nach Genehmigung der Betriebspläne durch die Branchenräte erfolgt im November die endgültige Meldung der Bereiche I+II an den Bereich II. Meist stimmt die endgültige Meldung mit der ersten Meldung überein oder weicht nur geringfügig von ihr ab. Das gleiche Procedere wie bei den Konsumgüter- und Investitionsgüterbetrieben erfolgt dann im November für die Produktionsmittelbetriebe durch die Weiterleitung der Betriebspläne an ihre Branchenräte, die Überprüfung durch sie und evt. notwendige Korrekturen. Da die Branchen der Produktionsmittelindustrie über nicht so viele Betriebe wie die Konsumgüter- und Investitionsgüterindustrie verfügen, können diese Branchen im November die

Produktionspläne von den Betrieben entgegennehmen, prüfen und notfalls von den Betrieben korrigieren lassen.

Schließlich erfolgt im <u>Dezember</u> die Zusammenfassung aller Branchenpläne durch den Nationalrat in einem gesamten Volkswirtschaftsplan. Der Nationalrat überprüft die Konvergenz der Branchenpläne und veranlasst evt. notwendige Korrekturen durch die Branchen- und ggf. die Betriebsräte. Falls zu viel Abstimmungsarbeit notwendig ist, kann der Monat Januar noch mit einbezogen werden. Eine vorläufige Produktion an notwendigen Gütern wird von den Betrieben auf jeden Fall für Januar gewährleistet. Der Volkswirtschaftsplan und die Pläne der Untergliederungen betreffen schließlich das ganze Jahr. Ergänzend zu den Planungen muss darauf hingewiesen werden, dass auf allen Ebenen und in allen Branchen wissenschaftliche Beiräte beteiligt sind.

Die Betriebe müssen als Risikopolster 10% der produzierten Güter zusätzlich für alle möglichen Notfälle oder als Ersatz auf Lager halten. Dies gilt auch für Lebensmittel, die länger haltbar sind oder konserviert wurden. Trotz guter Haltbarkeit müssen jedoch Lebensmittel in kürzeren Abständen als Gebrauchsgüter veräußert und erneuert werden. Da diese Lebensmittel aufgrund ihrer Lagerung vom Geschmack und ihrer Nahrhaftigkeit nicht mehr den Wertgehalt wie frische Lebensmittel haben, werden sie zu herabgesetzten Werten an die Konsumenten abgegeben. Werden Gebrauchsgüter für längere Zeit nicht verwendet (Ladenhüter), so können sie den Konsumenten ebenfalls zu einem Wert unter dem der Herstellung angeboten werden. Außerdem ist bei den Betriebsplanungen der Außenhandel mit den eigenen Bestellungen und den nachgefragten Gütern der ausländischen Partnern sowie der möglichen Unterstützungsleistungen für andere Volkswirtschaften (s.u.) zu berücksichtigen.

Da die Planungen auch auf Erfahrungswerte aufbauen und sich von Jahr zu Jahr nur in geringem Maße verändern, ist es mit der entsprechenden EDV - Technologie möglich, die große Anzahl von Einzelplanungen zu einem Gesamtplan zusammenzufassen und in Übereinstimmung mit den Bedürfnissen und Zielen einer Gesellschaft zu bringen.

Ablauf des Jahresplans	Konsumgüter- und Investitionsgüterbetriebe Bereich I	Produktionsmittelbetriebe Bereich II
Januar-März und April-Mai	Vorschläge der Konsumenten, Bearbeitung der Vorschläge d. die Betriebe	Vorschläge der nachfragenden Betriebe, lfd. Bearbeitung der Vorschläge
Juni-Juli	Präsentation der neuen Produkte,evt.Rückmeldung der Konsumenten	Entscheidung über die Vorschläge der nachfragenden Betriebe
August	Präs.d. Gesamtangebots u. Anmeldung des Bedarfs durch die Konsumenten	Präsentation der neuen Produkte

September	Produktions- u. Umsetzungspläne d. Abteilungen aufgr. der Bedarfsmeldungen	Präsentation des Gesamtangebots
Oktober	Meldung über vorauss. Bedarf an Prod.mittelbetriebe, Weiterreichung der Produktionspläne an die Branchenräte, Prüfung durch Branchenräte u. evt. Korrektur durch Betriebe	Produktionspläne aufgrund des voraussichtl. Bedarfs an Produktionsmittel der Konsum-, Investitions- u. anderer Produktionsmittelbetriebe

November	Endgültige Meldung des Bedarfs an Produktionsmittelbetriebe	Umsetzungspläne der Abteilungen, Weiterreichung der Betriebspläne an d.Branchenräte, deren Genehmig. evt. Korrektur durch die Betriebe
Dezember	Erstellung des Volkswirtschaftsplanes durch den Nationalrat aufgrund der Angaben der Branchenräte, evtl. Korrekturen durch Branchen- und Betriebsräte	Erstellung des Volkswirtschaftsplanes durch den Nationalrat aufgrund der Angaben der Branchenräte, evtl. Korrekturen durch Branchen- und Betriebsräte

Januar neues Jahr	Evtl. Nachbearbeitung der Pläne auf allen Ebenen u. endgültige Verabschiedung des Volkswirtschaftsplanes durch Nationalrat	Evtl. Nachbearbeitung der Pläne auf allen Ebenen u. endgültige Verabschiedung des Volkswirtschaftsplanes durch Nationalrat

Der Wert der Produkte, der Güterkorb

*In die heutige Preisbestimmung einer Ware flie-
ßen die Kosten und der erwartete Gewinn ein. Bei
der Kalkulation werden alle möglichen Kosten miteinbezogen, ob die direkten Kostenanteile wie das
Material, der produktive Lohn, der zurechenbare
Energieaufwand, die Maschinenabnutzung und die
indirekten Kosten wie Verwaltungs-, Finanz-, kal-
kulatorische Kosten usw., die als Umlagekosten berücksichtigt werden. Auf die Kosten wird der Ge-
winnanteil aufgeschlagen, um schließlich als Gesamtsumme den Warenpreis festzusetzen, den der
Betrieb auf dem Markt erzielen möchte. Dies hängt
natürlich von verschiedenen Faktoren ab, von der
Marktstellung des Anbieters (Monopol, Oligopol,
Polypol), seinem Produkt, Angeboten der Konkurrenz, der Werbung, die Zahlungskraft der Nachfrage und ob diese öffentlich oder privat ist usw.*

*Je günstiger die Marktstellung des Anbieters ist,
um so höher kann er den Preis ansetzen. Dass letztendlich die Arbeit das Produkt erschafft und seinen
Wert und Mehrwert bildet, der Wert der Produktionsmittel nur übertragen wird, geht bei der Preis-
berechnung ganz unter. Es erscheint so, dass vom
erzielten Warenpreis die Arbeit in Form von Lohn
und das eingesetzte Produktivkapital in Form des*

Gewinns seinen gerechten Anteil erhält. Der Gewinn entsteht jedoch durch den Mehrwert, das ist der Anteil des Gesamtwarenwertes, der den Arbeitern vorenthalten und vom Kapitalisten vereinnahmt wird.

Ohne Arbeit „passiert nichts" und die Produktionsmittel (Maschinen, Gebäude, Boden, Materialien) können nicht genutzt werden, um den erwarteten Profit zu erwirtschaften. Das Kapital ist schließlich angehäufter bereits erzielter Gewinn, das in die Bereitstellung von Produktionsmittel und Arbeitskräfte für den Produktionsprozess investiert wird, um auf der nächst höheren Stufe einen höheren Profit zu erzielen.

In der neuen Gesellschaft wird bei der Bewertung der Güter und Dienstleistungen vom Konsumenten ausgegangen. Zum Leben benötigt der Erwachsene (Kinder anteilig) täglich und entsprechend hochgerechnet jährlich ein bestimmtes Quantum u.a. an Nahrungsmitteln, Haushaltsartikeln und Energie, anteilige Benutzung der Verkehrsmittel, zusätzliche Gesundheitsversorgung, Bildung und Kultur, sowie auf längere Sicht Kleidung, Einrichtungsgegenstände und Wohnung, um menschenwürdig leben zu können. (s.auch Kapitel

„Die Einzelkonsumenten" und „Die Gemeinschaftskonsumenten")

Für die Benutzung von Gemeinschaftsgütern
wie außerschulische Bildung, Gesundheit, Verkehr,
soziales Leben ist ein bestimmter Grundbedarf anteilsfrei, darüber hinaus müssen vom Konsumenten
Anteile entrichtet werden. Man geht bei der Berechnung des Güterkorbes von einem Durch-
schnittsanspruch aus, z.B. eine arbeitstägliche Hin-
und Rückfahrt mit öffentlichen Verkehrsmitteln sowie 2 Freizeitfahrten/Woche.

Wesentliche Gemeinschaftsgüter und Dienstleistungen wie Kindererziehung und Grundbildung
(einschließlich Hochschule und Ausbildung), Wohnen, Ersatz für unvorhergesehene Ereignisse wie
Naturkatastrophen, unverschuldete Unfälle sind frei
und werden von der Gemeinschaft den Konsumenten ohne Verrechnung zur Verfügung gestellt.

All diese Produkte, ob Güter oder Dienstleistungen, ob frei oder gegen Anteile, müssen erarbeitet
werden, d.h. zu ihrer Herstellung ist ein bestimmter
Arbeitsaufwand notwendig. In der künftigen Wirtschaft erfolgt die Herstellung der Güter technisch
und organisatorisch hochproduktiv und effizient.

Da nicht Umsatzsteigerung sondern die Produktion notwendiger Güter maßgebend ist und ganze Branchen wie Finanzdienstleistungen und Werbung entfallen und somit mehr Beschäftigte (Arbeitslosigkeit gibt es nicht) für die Produktion von Gütern und Dienstleistungen zur Verfügung stehen, folgt, dass nur noch ein Bruchteil des Arbeitszeitaufwands früherer Jahre benötigt wird. Für die Bemessung der Arbeitszeit gilt, dass der durchschnittliche Arbeitszeitaufwand unter den gegebenen technischen Voraussetzungen und unter humanen Arbeitsbedingungen maßgebend ist. Daher sollten die Betriebe einer Branche ihre technische Ausrüstung annähernd auf dem gleichen Stand halten. Ebenso sollte die Arbeitszeit in allen Branchen angeglichen sein. Höchstarbeitszeiten (voraussichtlich 30 Std./Woche incl. Ratstätigkeiten) für alle Betriebe setzt der Nationalrat fest.

Die Herstellung eines Gutes kann über die ganze Produktionskette nachvollzogen werden wie die Gewinnung aus der Natur, Verarbeitung zu Rohstoffen, sowie die Fertigstellung mithilfe der Produktionsmittel; auf jeder Stufe wird Arbeit d.h. Arbeitszeit aufgewendet, um schließlich als Endprodukt dem Konsumenten zur Verfügung zu stehen.

Ein Beispiel: Für die Herstellung eines Produktes benötigt man die entsprechende Arbeitszeit, gemessen in Stunden und bewertet in Anteilen (A).

Zur Herstellung eines Tisches werden 8 Arbeitsstunden aufgewandt. 1 Std. Arbeit entspricht 10 Anteile, dies sind also 80 Anteile. Für das Rohmaterial Holz werden vom Sägewerk 40 Anteile berechnet. Darin sind auch 15 Anteile für das anteilige Fällen des Baumes und dessen Weiterverarbeitung im Sägewerk sowie 5 Anteile für den Transport mit eingerechnet. Hinzu kommen noch 10 Anteile für Hilfs- und Betriebsstoffe sowie Energie; dies ergibt einen Gesamtwert für den Tisch von 80 A Arbeit + 40 A Material + 10 A Hilfs- u. Betriebsstoffe sowie Energie = 130 A.

Zu beachten ist, dass nicht die Kosten für die Abnutzung von Maschinen, Gebäuden usw. im Wert des Gutes enthalten sind. Es wird nicht der Kostenpreis eines Produkts ermittelt, um danach als Ware mit Gewinn an die Konsumenten verkauft zu werden. Der Arbeitswert eines Gutes wird ermittelt, damit die Güter gerecht und im Sinne der Gesellschaft nützlich den Konsumenten zur Verfügung gestellt werden können. Da es kein Privateigentum an Boden sowie an den Naturschätzen gibt, muss für die Förderung der Naturressourcen auch keine

Geldleistung erbracht werden, sondern es erfolgt nur eine Bewertung nach der aufgewendeten Arbeitszeit.

Weiterhin zu beachten ist, dass stets das Minimierungsprinzip gilt, d.h. für eine bestimmte Anzahl an Gütern, die die Gesellschaft benötigt, wird auf den geringstmöglichen Einsatz an Ressourcen und Arbeit von den Produzenten geachtet. Im Kapitalismus gilt vor allem das Maximierungsprinzip: wie kann mit einem bestimmten Quantum an Produktionsmittel und Arbeit der größtmögliche Profit und entsprechend die höchste Rentabilität erzielt werden?

Um berechnen zu können, wie hoch der jährliche Gesamtbedarf an Anteilen des Konsumenten ist, muss ein Güterkorb für den Jahresverbrauch einschließlich der Teilanteile für Güter über eine Lebensdauer von mehr als einem Jahr ermittelt werden. Es erfordert einiges an Aufwand, um festzustellen, wie viel Arbeitszeit unter Berücksichtigung der Produktionsketten in einem Gut enthalten ist. In der Praxis ergeben sich für bestimmte Produkte zunächst nur geschätzte Annäherungswerte, die jedoch mit der Zeit verfeinert und genau angegeben werden können.

Auch ist zu beachten, dass durch Produktivitätsfortschritt sich die Arbeitszeit verkürzt und somit der Wert des Gutes sinkt. Hat man die gesamte Arbeitszeit für das Gut berechnet, so ist die Arbeitszeit mit 10 Anteilen (wegen den Teileinheiten) zu multiplizieren. Die Addition der Güteranteile z.B. für die Bereiche der Lebensmittel, Haushaltsbedarf, Einrichtung usw. ergibt den jedem Konsumenten zustehenden Anteilsbedarf für die einzelnen Bereiche und in deren Summe den Gesamtbedarf des Güterkorbs für jede Person.

Vom Nationalrat werden die Bereichsanteilsummen bestätigt und unter Mitwirkung des wissenschaftlichen Beirates immer wieder neuen Gegebenheiten angepasst. Für jedes Gut werden wie beschrieben anhand der Produktionskette die Teilarbeitszeiten je Kettenglied ermittelt, der nächsten Stufe übertragen und daraus dessen Gesamtarbeitszeit ermittelt.

Bei den Dienstleistungen ist es einfacher. Da hier in geringem Umfang die Arbeitszeiten von Vorprodukten zu berücksichtigen sind, ist vor allem nur die Arbeitszeit des Dienstleistenden festzustellen und mit 10 Anteilen zu multiplizieren, um den Wert der Dienstleistung zu berechnen. Beispiele für Güter und Dienstleistungen: So hat für den Konsumenten ein Ei einen Wert von 0,1 Anteile, der Wohnzimmerschrank von 400 Anteilen, der Frisörbesuch 4 Anteile.

Die Ermittlung der Konsumanteile lässt sich wie folgt zusammenfassen: Auf der einen Seite habe ich den Güterkorb mit dem quantitativen Bedarf an Gütern und Dienstleistungen für jeden Bürger, auf der anderen Seite ermittle ich den Wert der Güter durch die Feststellung der Arbeitszeit, die in ihnen steckt sowie den Konsumwert der Güter in einem Verhältnis von 10 Anteilen zu einer Stunde Arbeitszeit. Die Güter des Güterkorbes kann ich mit dem ermittelten Wert bewerten und feststellen wie hoch der Anspruch an Anteilen für jeden Bereich und insgesamt ist. Dies ist die Grundlage für die Konsumentscheidungen der Haushalte.

Angenommene Beispiele für den Güterkorb:

1 kg Roggenbrot   Arbeitszeit 0,50 Std:
5 Anteile

1 Mantel 12 Std. für Dauer v. 4 J., anteil. f. 1 Jahr:

30 Anteile

1 Haarfön 6 Std. für Dauer v. 3 J., anteil. f. 1 Jahr:

20 Anteile usw.

Wert des vom Nationalrat festgelegten monatlichen Güterkorbs: z.B. 3.000 Anteile.

Wird die Anteilsumme von angenommen 36.000 Anteilen bis zum Jahresende nicht ausgeschöpft, so verfällt der nicht ausgeschöpfte Betrag. Die Güterkörbe werden durch den Nationalrat zusammen mit dem Wissenschaftsrat laufend überprüft und jedes Jahr Ende Juni bekanntgegeben und in die Datennetze eingespeist. So haben die Haushalte genügend Zeit, sich darauf einzustellen, um im August ihre Wünsche den Betrieben per Netz mitzuteilen.

Der Güteraustausch zwischen den Betrieben erfolgt auch über die ermittelten Güterwerte, der Bedarf und die Bestellung durch die Betriebe erfolgt generell geplant nach Antrag und Genehmigung durch den Branchenrat. Nur bei außerordentlichen Ereignissen wie Defekte, Verluste kann außerplanmäßig eine Bestellung erfolgen.

Der Nationalrat gewichtet im Interesse der Gesamtgesellschaft bestimmte Güter. So werden Nahrungsmittel wie Fleisch und Genussmittel wie Süßigkeiten, alkoholische Getränke usw. über den Herstellungswert hinaus verteuert. Diese haben nicht nur einen Wert, der nach der Arbeitszeit bemessen wird, sondern einen erhöhten gesellschaftlichen Versorgungswert, um ihre Nutzung auf einem geringeren unschädlichen Maß zu halten. Bei Gesundheitsgefährdung werden Produkte aus dem Angebot genommen. Verbilligungen unter den Herstellungswert sind außer bei Gütern aus dem Reservelager nicht vorgesehen.

Das gleiche gilt für Boden- und Meeresressourcen, die in geringer bzw. in abnehmender Quantität zur Verfügung stehen. Sie werden durch den Nationalrat mit Unterstützung der wissenschaftlichen Beiräte über die zu deren Förderung übliche Arbeitszeit hinaus entsprechend höher bewertet und somit ihre Nutzung verteuert. Es gilt die ökologische Maxime des sparsamen, nachhaltigen und belastungsgeringen Umgangs mit der Umwelt.

Wesentliche allgemeine Dienstleistungen wie Schulbildung, Gesundheitsgrundversorgung sind aufgrund ihrer Bedeutung für die Volkswirtschaft frei, d.h. ihre Inanspruchnahme wird nicht individuell oder kollektiv verrechnet.

Neues Denken erfordert die Vorstellung, dass die Betriebe, ihre Zulieferer und Weiterverarbeiter für ihre Leistungen nicht bezahlt werden müssen. Es werden Güter aufgrund der von allen Betrieben erstellten Produktionspläne erstellt. Die Arbeiter müssen nicht entlohnt werden, mit ihrem Kontingent an Anteilen können sie über die zur Konsumtion bereitstehenden Endprodukte verfügen.

Dies bedeutet, dass der einzelne Bürger einerseits als Konsument die Güter, die er andrerseits als Produzent (mit bestimmten Ausnahmen wegen Behinderung, Alter usw.) über die Produktionsketten hergestellt hat, für seinen Gebrauch bzw. Verbrauch in Anspruch nimmt. Die zwei Seiten der Konsumtion und Produktion spiegeln sich in jedem arbeitenden Bürger wider. Der Wunsch nach qualitativ hochwertigen und quantitativ in ausreichender Anzahl zur Verfügung stehenden Gütern muss von der gleichen Person durch seine Arbeit als Teil der volkswirtschaftlich zu leistenden Gesamtarbeit erfüllt werden.

Jeder Betrieb hat eine Jahresleistungsbilanz aufzustellen. Auf der linken Seite (Aktiva) sind die Anteile aufgeführt, die der Betrieb erstellt hat, auf der rechten Seite (Passiva) sind die Anteile aufgeführt, die der Betrieb von anderen Betrieben bezieht.

Unter Berücksichtigung, dass auf der Aktivseite ebenfalls die Güter, die nicht den Betrieb verlassen haben (10% Reserve, unfertige Produkte, Produkte auf Lager für spätere Auslieferung), erfasst sind, so bedeutet die Bilanzdifferenz zum Jahresende den Wert der vom Betrieb erbrachten Arbeitsleistung. Auch sind die Arbeitsstunden des Betriebes, gegliedert nach den Abteilungen und in der Summe, für die jährliche Rechnungsführung zu erfassen. Die ermittelten Daten werden über den Branchenrat an den Nationalrat zur Feststellung, ob der am Jahresbeginn aufgestellte Volkswirtschaftsplan erfüllt wurde oder nicht und wie hoch das Soll vom Ist abweicht, weitergeleitet.

Die betriebliche Organisation und die Arbeitsbedingungen

Obwohl wir heute in einer Gesellschaft der formalen Demokratie leben, herrschen in den Betrieben und staatlichen Einrichtungen keine demokratischen Verhältnisse. Zwar werden in der privaten Wirtschaft durch die Mitsprache des Betriebsrates (aktuelle Bedeutung) vor allem in Personalangelegenheiten die undemokratischen Zustände abgemildert, die maßgeblichen Entscheidungen über Investitionen, Produktion, Absatz, Standort, Betriebsgröße usw. trifft allein der Unternehmer oder sein Bevollmächtigter. In der öffentlichen Verwaltung mit seiner starken hierarchischen Struktur bestimmt der Behördenleiter, der jedoch gegenüber den politisch Verantwortlichen rechenschaftspflichtig ist, die Umsetzung der politischen Vorgaben.

Im Arbeitsalltag herrscht die betriebliche Hierarchie mit ihrer Befehls- und Gehorsamsstruktur vor, sodass die Berufstätigen durch ihre Erfahrungen am Arbeitsplatz nichtdemokratisches Denken und Handeln verinnerlichen. Dies wirkt sich entsprechend auch auf das außerbetriebliche Verhalten im gesellschaftlichen Bereich aus. Die Erfahrungen aus dem Betriebsleben können nicht abgelegt werden, um dann auf gesellschaftlicher Ebene

117

den „Schalter umzulegen" und als „lupenreiner" Demokrat zu agieren.

Ein Demokrat darf keinen Grund zur Angst haben. Im heutigen Arbeitsleben herrscht jedoch die Angst vor, etwa durch unliebsame Äußerungen Nachteile bis hin zur Entlassung erdulden zu müssen. Außerdem sind prekäre Arbeitsverhältnisse wie Arbeitsbefristungen, Leiharbeit usw. ein geeignetes Mittel, um zusätzlich die von der Kapitalseite geforderten Leistungen und angepasstes Verhalten zu erzwingen. Drohende Arbeitslosigkeit und der soziale Absturz in die Armut hängt wie ein Damoklesschwert über jedem Arbeitnehmer und seiner Familie.

In der künftigen Gesellschaft ist jeder Arbeiter aufgrund seiner Zugehörigkeit zur betrieblichen Gemeinschaft in die Planungs- und Umsetzungsvorhaben der Abteilung (z.B.Forschung und Entwicklung, Lager, Vorproduktion, Montage, Transport) und des Betriebes auch ohne Ratsmitgliedschaft miteinbezogen. Der Abteilungs- bzw. der Betriebsrat (neue Bedeutung !) legt das „Was" an Produktion fest, über das „Wie" entscheiden alle beteiligten Betriebsangehörigen. Weiterhin sind diese an der Festlegung der Produktionsbedingungen, d.h an den Einsatz der Produktionsmittel wie Maschinen,

Rohstoffe usw. beteiligt. Sie achten darauf, dass die Arbeit human und ohne gesundheitsschädliche Belastungen vonstatten geht. Die Arbeit darf auch nicht eintönig und langweilig sein.

In den Abteilungen und Kleinbetrieben mit max. 500 Arbeitern ist es aufgrund der übersichtlichen Zahl an Teilnehmern noch möglich, die direkte Demokratie zu praktizieren. Wie bei den Hausgemeinschaften finden einmal monatlich Arbeiterversammlungen statt, die von den Räten geleitet und auf denen alle Abteilungs- bzw.Kleinbetriebsbelange diskutiert und entschieden werden. Die Räte haben die Beschlüsse auszuführen und den Versammlungen darüber zu berichten.

Die Arbeitsprozesse müssen, ohne den Arbeiter zu überfordern, vielfältig gestaltet sein, und es muss die Möglichkeit von Rotationen innerhalb der Abteilungen und von Abteilung zu Abteilung bestehen. Zusammen mit dem Personalausschuss (s.u.) wird die Förderung der psychischen und physischen Gesundheit jedes Arbeiters und für alle Abteilungs- und Betriebsangehörigen ein gedeihliches Betriebsklima angestrebt.

Erzwungene Arbeitslosigkeit gibt es nicht, es sind alle arbeitsfähigen Einwohner, außer den

Schülern, Studenten, Auszubildenden, Rentnern (ab 60 Jahren) und Kranken in den Arbeitsprozess miteinbezogen. Die Arbeitsverhältnisse sind unkündbar, mit Ausnahme von Entscheidungen der juristischen Ratsausschüsse. Aufgrund von Auseinandersetzungen oder begangenen Delikten kann ein betroffener Beschäftigter einem anderen Betrieb oder einer geschlossenen Arbeits- und Wohneinrichtung zugewiesen werden. Ebenfalls ist es möglich, dass bei Zurückfahren der Produktionskapazitäten oder Auflösung des Betriebes Arbeitskräfte frei werden. Für diese müssen jedoch die zuständigen Räte Ersatzarbeitsplätze bereitstellen.

Für den einzelnen Arbeiter ist es andrerseits möglich, seinen Arbeitsplatz zu wechseln. Im Netz werden von den Betrieben die offenen Stellen inseriert, auf die sich jeder Interessent bewerben kann. Der Personalausschuss prüft, ob der Bewerber und die Stelle fachlich zusammenpassen. Vor der Einstellung muss die Abteilungsbelegschaft gehört werden, die ein Veto einlegen kann. Sollte es ausnahmsweise für eine Übergangszeit zu einer kurzen Nichtbeschäftigung kommen, so hat dies überhaupt keinen Einfluss auf die Summe der zur Verfügung stehenden Konsumanteile, die weiterhin bestehen bleiben.

Da nur notwendige Güter und Dienstleistungen produziert werden und auf lang haltbare, hochwertige und dem Zeitgeschmack entsprechende Produkte geachtet wird, ist die Versorgung der Bevölkerung mit diesen qualitativen Gütern und nicht die Höhe des Umsatzes von Belang. Aus den genannten Gründen kann die Arbeitszeit für die Beschäftigten gesenkt werden. Trotz der Mitarbeit in den Räten, die als Arbeitszeit anerkannt wird, ist die wöchentliche maximale Arbeitszeit auf 30 Stunden festgesetzt. Davon sind in den unteren Räten 5 Stunden, mittleren Räten 10 Stunden und in den höheren Räten 20 Stunden als voraussichtliche Ratstätigkeit zu berücksichtigen.

Die Arbeitszeit ist in Absprache mit den Kollegen und nach Betriebserfordernissen aufzuteilen, d.h. es kann z.B. von Montag bis Freitag täglich 5 Stunden gearbeitet und 2+3 Stunden Mitarbeit in einem Rat geleistet werden. Aus gesundheitlichen Gründen darf die tägliche Arbeitszeit 8 Stunden nicht überschreiten. So kann Montag bis Mittwoch je 7 Stunden und Donnerstag 4 Stunden gearbeitet zzgl. 5 Stunden Ratstätigkeit geleistet werden.

Auf einen Jahresurlaub von 36 Arbeitstagen hat jeder Beschäftigte Anspruch, der in Abstimmung mit den Kollegen genommen werden kann. Hierbei sind natürlich die familiären Verhältnisse besonders zu berücksichtigen. Pausen werden bei der Arbeitszeit nicht mit eingerechnet.

Es gibt keine Hierarchie im Betrieb, sondern nur eine Aufgabenverteilung, über deren Ausführung die Räte wachen und ggf. die notwendigen Entscheidungen treffen. Im Zweifelsfall haben die Räte Weisungsrecht, sie übernehmen im heutigen Sinne kooperative Führungsfunktionen.

Da jeder Konsument sich eine gute Qualität der Produkte wünscht, besteht bei den Betriebsangehörigen das Bewusstsein, eine entsprechende Arbeitsleistung als eigenen Beitrag für die Gütererstellung in der nachgefragten Qualität und genügender Quantität zu erbringen.

Die Neuerungen und Erfindungen in der Konsum- und Produktionsmittelindustrie stehen im Spannungsverhältnis zu der ökologischen Schonung unserer Umwelt. Wenn eine neue Maschine zur Anwendung kommt, so hat sie eine bestimmte Abnutzungszeit. Es ist nicht das gesellschaftliche Ziel, neue und bessere Maschinen vor Ablauf der Abnutzungszeit zum Einsatz zu bringen. Die Forscher und Konstrukteure stehen nicht unter dem Druck, so schnell wie möglich eine effektivere Ersatzmaschine anzubieten. Sie verfügen über genügend Zeit, eine neue Produktentwicklung ausreifen und ggfs. mehrere Entwicklungsetappen durchlaufen zu lassen bis die neue Maschine zum Einsatz kommt.

Es ist nicht wie zu Zeiten des Kapitalismus, dass einerseits das in Forschung und Entwicklung investierte Kapital durch den Verkauf des neuen Produkts so schnell wie möglich zurückfließen muss. Andrerseits werden auch nicht Neuerungen durch Umsatzrückgang und der daraus folgenden geringeren Maschinenabnutzung wegen der Nichtauslastung blockiert.

Auf allen Entwicklungsstufen sind wissenschaftliche Beiräte zur Beurteilung hinzuziehen.

Als Untergliederung des Betriebsrates besteht in den Betrieben ein zentraler Personalausschuss. Dieser befasst sich mit der langfristigen Planung des notwendigen Personals, z.B. Ersatz für altersbedingtes Ausscheiden aus dem Betrieb. Zur Gewinnung der Nachwuchskräfte muss hier mit den Ausbildungsstätten eng zusammengearbeitet werden. Weiterhin ist der Personalausschuss für humane und sichere, d.h. unfallfreie Arbeitsbedingungen, die Förderung der Mitarbeiter durch Weiterbildung,

Verbesserung der Arbeitsplatzqualität, individuelle und gemeinsame Erholungsangebote, Essensverpflegung, die Krankenbetreuung sowie die Streitschlichtung unter Mitarbeitern und Arbeitszeitregeln zuständig.

Nicht mehr die entfremdete Arbeit der heutigen Arbeitsgesellschaft sondern die Selbstverwirklichung im gesellschaftlichen Rahmen steht im Vordergrund. Ein Arzt kann ein begabter und mit vollem Elan arbeitender Chirurg aber ein schlechter Pfleger sein, trotzdem muss er sich den gesellschaftlichen Erfordernissen nach einer Integration der Pflegeleistungen in seinen Aufgabenbereich als Teil der ärztlichen Leistungen akzeptieren. Hierbei können stets vertretbare Kompromisse zwischen dem Eigeninteresse des Arztes und dem Gesamtinteresse eines Krankenhauses geschlossen werden. Das gleiche gilt für Entwickler und Konstrukteure, die ihre Kreativität voll entfalten können. Die Ergebnisse ihrer Arbeit müssen jedoch der Prüfung durch den Wissenschaftsbeirat als Vertreter des Gesamtinteresses standhalten können.

Der Anreiz zur guten Arbeit liegt nicht mehr in höherem Einkommen sondern im gesellschaftlichen Ansehen für die geleistete Arbeit. Die Leistung eines Betriebes und damit seiner Beschäftigten wird anhand der erstellten Produkte laufend von den Konsumenten und anderen Produzenten bewertet. Es müssen keine Auszeichnungen für hervorragende Leistungen vergeben werden, sondern die für alle zugänglichen Bewertungen im Netz sind Ansporn und Anreiz genug, um eine hohe Qualität zu halten und Schwächen zu beheben.

Es gibt grundsätzlich keine Unterschiede im Einkommen der Menschen, d.h. jeder und jede hat den gleichen Anteil an Konsummöglichkeiten. Da lautet natürlich sofort der Einwand: Aber es gibt Beschäftigungen, die sehr unterschiedlich sind in ihrem Grad an Ausbildung, Verantwortung, Wissen und Können. Nehmen wir z.B. zwei sehr verschiedene Berufe aus der heutigen Zeit, die über ein sehr unterschiedliches Ansehen in der Gesellschaft verfügen: der Müllmann und der Chirurg.

In der künftigen Gesellschaft wird es den heutigen Müllmann, der nur für die Leerung der Mülltonnen zuständig ist, nicht mehr geben. Man kann ihn als Umweltarbeiter bezeichnen. Er ist nicht nur für die Müllbeseitigung zuständig sondern auch für die Müllvermeidung. Er plant und verbessert die Müllbeseitigung durch Entwicklung und Anwendung neuer Techniken. Weiterhin ist er Berater für die Müllvermeidung in den Haushalten und Pro-

duktionsstätten. Die heutige Tätigkeit des Müllmannes wird erweitert, bereichert und durch die
verschiedenen geistigen Tätigkeiten stark aufge-
wertet.

Andrerseits ändert sich auch der Beruf des Chirurgen. Er übt auch weiterhin seine Tätigkeit als
Chirurg aus aber nicht nur diese Tätigkeit. Sein Arbeitsbereich wird um pflegerische und nachsorgen-
de Tätigkeiten für seine Patienten erweitert. Auf
diese Weise kann er am besten ihre Heilung mitver-
folgen und gewinnt so ein Gesamtbild des Hei-
lungsprozesses. Das heute eher herablassende Verhalten der Ärzte gegenüber dem Pflegepersonal
wird dadurch beseitigt. Andrerseits wird das Pflegepersonal stärker bei Operationen mit einbezogen,
d.h. sie müssen nicht nur das Besteck reichen, sondern gewisse Eingriffe können sie auch selbständig
ausführen. Die Nachsorge wird dem Chirurgen
schon während der Ausbildung u.a. durch praktische Übungen vermittelt, während das Pflegepersonal in die Kunst des Operierens eingeführt wird.

Auch in einer künftigen Gesellschaft müssen
weiterhin Güter für die Grundversorgung wie Nahrungsmittel, Kleidung, Häuser und ihre Einrichtungen hergestellt werden. Da vor allem langlebige
Güter produziert werden, werden im Werkzeug-,

Maschinen-, Fahrzeug-, Flugzeugbau sowie die Bereitstellung von Infrastruktur nicht mehr der Arbeits- und Materialaufwand wie heute benötigt.

Ganz entfällt die Finanzbranche, wie Banken, Versicherungen, Börsen usw. (s.u.). Nur im Außenhandel benötigt man noch die Dienstleistung für die Umrechnung der Güterwerte in die Weltwährung und umgekehrt. Stark ausgebaut werden die sozialen, kulturellen, Gesundheits- und Bildungsdienstleistungen sowie die demokratischen Einrichtungen wie die Räte. Die dazugehörige Verwaltung verbleibt bei weitem unter dem Maß an heutiger staatlicher Verwaltung.

Die Verwaltung

In der heutigen Gesellschaftsordnung gibt es eine tief strukturierte Bürokratie im öffentlichen und im privatwirtschaftlichen Bereich eine Verwaltung, die aus Kostengründen möglichst begrenzt gehalten wird.

Ob Bund-, Landes-, Kommunal-, Finanz-, Sozialversicherungs-, Polizeiverwaltung, in jedem staatlichen Bereich ist eine vertikal tiefe und horizontal breite Administration angelegt. Zum Funktionieren eines Staatswesens benötigt man die Staatsdiener, d.h. Beamten, Angestellte und Arbeiter. Nur ist dieser Apparat im Verhältnis zu den demokratischen Vertretungen auf allen Ebenen allein von der Zahl der beteiligten Menschen übermächtig. Der Staatsapparat ist per se nicht demokratisch sondern hierarchisch aufgebaut, aber der Form nach den Entscheidungen der demokratischen Vertretungen unterworfen. Er muss deren Entscheidungen ausführen und wird der Form nach von den Regierungen, Rechnungshöfen und Parlamenten kontrolliert. Allein aufgrund seines quantitativen Übergewichts, der Vielseitigkeit und Kompliziertheit des staatlichen Handelns neigt er zum Eigenleben und ist nur schwer von den demokratischen Einrichtungen zu kontrollieren.

Diese Diskrepanz erkennt man immer wieder beim Aufdecken von Missständen und Skandalen z.B. der Sicherheitsbehörden. Jedoch sind diese aufgedeckten Unregelmäßigkeiten, da systemimmanent nur der Gipfel eines Eisberges.

In der Verwaltung der Privatwirtschaft gibt es nicht mehr wie früher den privilegierten Angestellten. Dessen Stellung wurde immer mehr proletarisiert und in seinem Status dem Arbeiter angeglichen. Die meisten Angestellten sind für einen eng begrenzten Bereich zuständig, arbeiten unter hohen Leistungsanforderungen und sind in ihrem Verhalten stark dem Druck der Hierarchie ausgesetzt. Nur in der höheren Verwaltungsebene der Privatwirtschaft werden im Gegensatz zur unteren Ebene hohe und höchste Einkommen, die durch keine Tätigkeit gerechtfertigt sind, erzielt. Aufgrund der hohen Einkommen sind diese Positionen begehrt und deren Profiteure sind vor allem damit beschäftigt, sich der beruflichen Konkurrenz auf gleicher Ebene und des aufstrebenden Nachwuchses zu erwehren. Hier kämpft jeder gegen jeden um die Pfründe.

In der künftigen Gesellschaftsordnung treffen die Räte in Zusammenarbeit mit den wissenschaftlichen Beiräten die politischen Entscheidungen für ihren Bereich. Zur Umsetzung der Ratsbeschlüsse wird ebenfalls eine gut funktionierende Verwaltung benötigt. Jedoch ist das zahlenmäßige Ungleichgewicht von Verwaltung zu Räten teilweise aufgehoben bzw. stark verringert. Auf den unteren Ratsebenen werden viele Entscheidungen von den Räten selbst ausgeführt. Hier besteht ein quantitatives Übergewicht von Ratsmitgliedern zur dazugehörigen Verwaltung.

In den höheren Räten mit größeren Verantwortungsbereichen sind die Räte für die Ausführung ihrer Entscheidungen auf eine zahlenmäßig größere Verwaltung angewiesen, wie z.B. auf Regionsebene die Verwaltung den Rat an Mitarbeitern im Verhältnis von 1,5-2 übertreffen kann. Der Nationalrat benötigt aufgrund seiner umfangreichen Verantwortung und Aufgabenbereichen nach meiner Einschätzung eine Verwaltung, deren Mitarbeiter das 2-3 fache an Ratsmitglieder zählt.

Aufgrund der neuen Gesellschaftsorganisation fallen Bereiche wie die Finanz-, Sozialversicherungsverwaltung usw. weg und der Sicherheitsapparat wird auf ein notwendiges Minimum reduziert.

Die Aufgaben der neuen Verwaltung befassen sich vor allem mit der Umsetzung der Überprüfungen und Korrekturen der Ratsbeschlüsse. Weiterhin ist die Aufarbeitung des von unteren Räten gemeldeten Datenmaterials erforderlich. Die Daten werden für die Volkswirtschaftsbilanz, die vom Nationalrat erstellt wird, verwendet.

Eine wichtige Aufgabe ist die Zusammenfassung und Abstimmung der Pläne mit den unteren Räten. Dafür müssen immer wieder Entscheidungsvorlagen für die Räte erarbeitet werden.

Jeder Bürger kann Beschwerden bei den Räten einreichen. Die Räte sind verpflichtet, den Beschwerden nachzugehen. Die Aufgabe der Verwaltung ist es, erste Prüfungen durchzuführen und den Grund der Beschwerde mit der Stellungnahme der anderen Beschwerdeseite dem Rat zuzuleiten.

Auch in der künftigen Gesellschaft werden Daten über die Bevölkerung erfasst, angefangen von der Geburt, Eheschließung, Umzüge und Tod. Die Daten sind wichtig als Planungsgrundlage für die Herstellung von Gütern und Dienstleistungen und die Delegierung der Bürger in die Räte.

Die Zuteilung der Anteile für jeden Bürger erfolgt über die EDV und die Vergabe der Anteilskonten und -karten bei Geburt, Änderung bei Eintritt in das Jugend-, Erwachsenenalter oder bei Behinderung und im Seniorenalter.

Wenn alles normal verläuft, wird keine aufwendige Verwaltung für die Personenstandsänderung benötigt. Es können aber Konsumentenkarten verloren gehen, Ausnahmeregelungen für größere Anschaffungen, Überziehung des Anteilkontos usw. müssen bearbeitet werden.

In den Betrieben besteht eine entsprechende Verwaltung für Planung, Technik (Reparatur, Ersatz- und Neubeschaffung von Maschinen und Anlagen), Bestellung von Material und Auslieferung der eigenen Güter, Betriebsorganisation mit EDV-Verwaltung, Personal usw. Die Bereiche Finanzen, Absatz, Werbung und Leitung entfallen. Es wird nach Vorgaben der Abteilungs- und Betriebsräten und in enger Abstimmung mit ihnen gearbeitet.

Schließlich sind auch die Beschlüsse der Plenen auf Abteilungs- und Betriebsebene, an die die Räte ebenfalls gebunden sind, zu berücksichtigen.

Die Verwaltungsbeschäftigten sind in das Rotationssystem eingebunden. Um mögliche Interessenkonflikte zu vermeiden, scheiden sie, wenn notwendig während ihrer Ratszeit auf Abteilungs- oder Betriebsratsebene aus der dazugehörigen Verwaltung aus und wechseln zu einer Beschäftigung in einem anderen Betriebsteil oder Betrieb.

Die Landwirtschaft

Die Landwirtschaft stellt die Rohstoffe für die Nahrung zur Verfügung. Die heutige Landwirtschaft ist hochmodern und durchindustrialisiert. Die meist größeren Landwirtschaftsbetriebe erreichen durch ihre hohe Produktivität niedrige Stückkosten, um den vom Handel geforderten Niedrigpreis erzielen zu können. Die Konsumenten aus den Arbeiterhaushalten und der in prekären Verhältnissen lebenden Bevölkerung sollen mit ihrem geringen Einkommen sich mit ausreichend billigen Lebensmitteln versorgen können.

Dies kann man jedoch nur erreichen, wenn durch Massenproduktion die Stückpreise niedrig gehalten werden. Die Massenproduktion geht jedoch zu Lasten der Qualität der Lebensmittel. Eine hohe Qualität hat ihren Preis, da aufgrund der besseren Haltung der Tiere und des ökologischen Anbaus die Stückkosten um einiges höher sind.

Massentierhaltung bedeutet für die Tiere qualvolle Stallenge, Schnellmästung, Behandlung mit Medikamenten, brutale Tiertransporte usw. Das Fleisch von gestressten Tieren ist natürlich von der Qualität um einiges minderwertiger als von artgerecht gehaltenen Tieren.

Aber auch beim Anbau von Nutzpflanzen werden durch den Einsatz von Pestiziden, Genmanipulationen usw. die Qualität des Endprodukts stark heruntergesetzt und durch die Monopolisierung des Saatguts in den Händen weniger Großkonzerne die Abhängigkeit der Bauern besonders in der Dritten Welt gefestigt.

In der künftigen Gesellschaftsordnung muss der Anbau von Nahrungsmitteln nach ökologischen, gesunden, verbrauchernahen und sparsamen Prinzipien erfolgen. Es wird darauf geachtet, dass die Ernährung mehr mit pflanzlichen und weniger tierischen Erzeugnissen erfolgt. Bei den tierischen Erzeugnissen handelt es sich um Milchprodukte, Eier usw. Fleischprodukte werden in geringem Umfang und über den Güterwert verteuert den Konsumenten angeboten. Es findet eine verbrauchernahe Lebensmittelproduktion statt.

Die landwirtschaftlichen Betriebe haben eine Anbaufläche von höchstens 100 ha, eine festgelegte Höchstzahl an Tieren, deren Zahl/Betrieb vom Nationalrat festgelegt wird, und befinden sich in unmittelbarer Nähe zu den Ortschaften. Das Prinzip der kurzen Wege mit der Belieferung der örtlichen Weiterverarbeitungsbetriebe und Versorgungszentren kann für nicht lang haltbare Güter wie Gemüse, Obst und Frischmilch durch Direktversorgung der Konsumenten ergänzt werden.

Es wird auf eine artgerechte Tierhaltung geachtet. Zu den jeweiligen Ställen mit genügend Platz für jedes Tier muss immer ein Auslaufareal gehören. Es findet eine beständige Überwachung durch die Räte und Tierärzte statt.

Genmanipulationen an Pflanzen sind verboten. Der Einsatz von chemischen Mitteln wie Dünger, Pestiziden usw. darf nur nach vorheriger Erlaubnis des zuständigen Branchenrates, der auf einen sparsamen Einsatz achtet, erfolgen.

Zum landwirtschaftlichen Betrieb gehört aus traditionellen Gründen oft eine Hausgemeinschaft. Wie jeder Betrieb ist auch der landwirtschaftliche Betrieb (evtl. mehrere kleinere Betriebe zu einer Betriebsgemeinschaft zusammengeschlossen) und die dazugehörigen Hausgemeinschaften in das Rätesystem eingebunden. Es gibt keine privaten Landwirte, auch die in der Landwirtschaft Beschäftigten erhalten ihre nach Bereichen aufgeteilte Anteilsummen, jedoch bei den Lebensmitteln mit einem Abschlag, da ihnen ein Selbstversorgungsanteil zuerkannt wird.

Neben der Direktversorgung der Konsumenten mit leicht verderblichen Nahrungsmitteln werden die tierischen Produkte wie Milch und Fleisch zur Weiterverarbeitung an einen Lebensmittelbetrieb geliefert, der einen größeren Einzugsbereich als die landwirtschaftlichen Betriebe hat. Transporte mit lebendigen Tieren finden nicht statt. Die Tiere für die Fleischverarbeitung werden vor Ort getötet und danach zerlegt in einem Kühlwagen zum fleischverarbeitenden Betrieb transportiert. Von den Molkereibetrieben werden die Milcherzeugnisse wie Käse, Joghurt usw. an die Versorgungszentren geliefert, wo die Konsumenten sich die Lebensmittel besorgen können.

In der Landwirtschaft erfolgt die Bearbeitung mithilfe von modernen Maschinen und Geräten. Die Anschaffung der Produktionsmittel erfolgt wie in anderen Betrieben durch die Beschlussfassung des Betriebsrates nach Zustimmung des Branchenrates.

Von den Räten wird ebenfalls darauf geachtet, dass in der Landwirtschaft humane Arbeitsbedingungen herrschen und der gleiche Arbeitszeitaufwand wie in anderen Branchen geleistet wird. Jedoch muss hier berücksichtigt werden, dass jahreszeitbedingt z. B. wegen der Ernte ein höherer Arbeitszeitaufwand erforderlich ist, der durch geringere Arbeitszeiten in anderen Jahreszeiten ausgeglichen wird.

Auch ein landwirtschaftlicher Betrieb stellt wie die anderen Betriebe eine Jahresbilanz auf und ermittelt die jährlich geleisteten Arbeitsstunden. Die Daten werden an den Branchenrat weitergeleitet.

Die technologische Entwicklung

Die Gegenwart ist durch einen hohen Stand der technologischen Entwicklung gekennzeichnet. Ohne die Informationssysteme, die in der Produktion, in den Dienstleistungen und im privaten Bereich eingesetzt werden, können wir uns unseren Alltag überhaupt nicht mehr vorstellen. Permanent kommen neue Entwicklungen auf den Markt, z.B. die elektronischen Erleichterungen im Haushalt, sodass wir außerhäuslich über das Handy die Hausgeräte bedienen können. Dies schafft natürlich auch Abhängigkeiten. Als zur Zeit auf dem höchsten Stand der technologischen Entwicklung gilt die Digitalisierung 4.0. 3-D-Drucker, fahrerlose Autos oder künstliche Intelligenz sind die entsprechenden Stichworte. Maschinen können per Software gesteuert, vernetzt und sogar über Internet gewartet werden.

Die Schattenseite davon ist jedoch die Arbeitswelt. Von den Unternehmern wird gefordert, dass die Arbeitszeit und -bedingungen total flexibilisiert und den technischen Gegebenheiten angepasst werden. Außerdem werden durch die technologische Erneuerungen viele Arbeitsplätze wegrationalisiert, die nicht durch neue moderne Jobs aufge-

fangen werden können. Wie ich schon in der Einleitung festgestellt habe, ist das Ziel der Produktivitätssteigerung nicht zuerst die Verbesserung menschlicher Arbeits- und Lebensbedingungen sondern die Erzielung möglichst hoher Renditen für die Kapitalseite.

Für eine neue Gesellschaftsordnung, die sich in der weiteren Zukunft etabliert haben wird, kann man heute noch nicht abschätzen, wie weit sich bis dahin die Informations- und andere Technologien entwickelt haben. Da die neuesten technischen Entwicklungen jede Raffinesse beinhalten, kann man sich den technischen Stand z.B. in 250 Jahren kaum vorstellen. Es kann möglich sein, dass Roboter mit menschlichen Fähigkeiten eingesetzt werden. Ist dies dann das Paradies auf Erden, wo Roboter uns jede körperliche und geistige Anstrengung abnehmen und wir nur noch die Früchte der künstlichen Arbeit genießen würden? Dies wäre dann ein armes Menschenzeitalter.

Die Entwicklung der Menschheit war durch ständiges Lernen und Arbeiten geprägt. So konnten sich die Menschen die Erde zunutze machen. Pathetisch-religiös ausgedrückt wurde der Mensch durch die Arbeit zur Krone der Schöpfung. Wenn wir diese Leistungen auf Roboter übertragen, so wird der Mensch überflüssig und durch intelligente Maschinen verdrängt oder der Roboterherrschaft unterworfen.

Wir kommen an der Tatsache nicht vorbei, dass von Robotern erzeugte paradiesische Verhältnisse für die Menschheit Entartung und langsamer Tod bedeuten. Hier hat aus menschlichem Eigeninteresse jede technologische Entwicklung ihre Grenzen. Arbeitserleichterungen und Hebung des Kulturniveaus ja, aber kein Ersatz für Arbeitstätigkeiten und selbstbestimmtes Leben.

Es kann gut möglich sein, dass die Menschen ab einer bestimmten Stufe der technologischen Entwicklung sagen „Es reicht" und jede Weiterentwicklung trotz ihrer prinzipiellen Möglichkeiten als Gefahr für die Menschheit erkennen und eher noch bereit sind, die erreichte Entwicklungsstufe herunterzusetzen.

Der Umweltschutz, die Energiegewinnung

Zu einem bedeutenden Faktor in der Ökologie hat sich der Klimawandel entwickelt. Der Hauptgrund für die Erderwärmung sind die ausgestoßenen Mengen von Schadstoffen aus fossiler Verbrennung, besonders von Kohlendioxyd. Die überwiegend kohlendioxydhaltigen Treibhausgase, die für die Klimaerwärmung verantwortlich sind, stammen mit 12,7 Mrd. to aus der Strom- und Wärmeerzeugung, zu 6,4 Mrd. to aus dem Verkehr, 9,5 Mrd. to aus der industriellen Produktion und 3,9 Mrd. to aus Haushalten und sonstigen Bereichen. Dies ergibt einen jährlichen Energieverbrauch von 32,5 Mrd. to CO_2. Hinzu kommen noch Landwirtschaft mit 5,6 Mrd. to, Land- und Waldnutzung 7,6 Mrd. to und Abfälle 1,5 Mrd. to (ISW Klima-Killer-Konzerne S.13).

Während auf 20% der Weltbevölkerung aufgrund ihrer Armut und Unterentwicklung nur 2% der weltweiten CO_2-Emissionen entfallen, hat das klimaaggresivste Fünftel mit einem Anteil von 61% den höchsten Anteil an der Klimaerwärmung. Die USA mit 30%, Europa 28% und Japan mit 4 % Anteil sind die Hauptverantwortlichen für die Klimagefährdung. (ISW Grundl.u.Urs.d.Treibh. S.16-17)

Die CO2-Pro-Kopf-Emmission eines USA-Bürgers ist 10mal so hoch wie die eines Bürgers aus Costa Rica, 20 mal so hoch wie die eines Philippinos und 30 mal so hoch wie die eines Kongolesen. (ISW Grüne Wende S.3)

Der verhältnismäßig hohe Lebensstandard für breite Bevölkerungsschichten der westlichen Welt, ihre hohe Mobilität und die starke Industrialisierung mit dem großen Anteil an fossilen Brennstoffen tragen maßgeblich zur Klimabelastung bei. Und die Aussichten, dass entschieden gegengesteuert wird, sind schlecht. So soll der globale Automobilstand von heute eine Milliarde bis 2030 auf 1,6 Milliarden Autos, d.h. um 60% wachsen.

Die westlichen Wohlstandsländer wollen auf ihr Konsumniveau nicht verzichten und die Schwellen- sowie unterentwickelten Länder wollen im Lebensstandard schnell aufholen, was andrerseits verständlich ist. Wenn jedoch die Schwellen- und Entwicklungsländer das Konsumniveau des Westens erreichen würden, läge der globale Gesamtkonsum um mindestens das Vierfache über dem heutigen (ISW Grüne Wende S.3).

Es gäbe im Kapitalismus u.a. einen Ausweg aus dieser Sackgasse. Vor allem die reiche Bevölkerung in den westlichen Ländern müsste zumindest auf nicht zu rechtfertigende Anteile ihres hohen Wohlstandes verzichten. Welcher Politiker in den westlichen Ländern würde es jedoch wagen, sich an den „heiligen Kühen" des Lebensstandards und der individuellen Mobilität zu vergreifen? Sollte er nur Versuche in dieser Richtung unternehmen, er wäre für immer „weg vom Fenster".

Zur Ehrenrettung der westlichen Gesellschaft wurden auch aufgrund des Drucks von Umweltverbänden und des gestiegenen Einflusses der Partei der Grünen Anstrengungen im ökologischen Bereich unternommen. Zu ihnen zählen:

– Recycling

– sparsamer Umgang mit den Naturschätzen, hoher Ausbeutungsgrad

– geringere Umweltbelastung durch neue Technologien

– Investitionserweiterung in der Ökobranche

– künstliche Ersatzprodukte

– gegen Klimabelastung Abgasverminderungen

– regenerative Energiegewinnung

Ob diese Maßnahmen letztendlich zur Rettung der Ökologie und des Weltklimas ausreichend sind, darf bezweifelt werden. Zu sehr sind diese Schritte zu mehr Ökologie durch ökonomische Kategorien bestimmt. Die Maßnahmen erfolgen zu spät, zu zögerlich und zu rücksichtsvoll gegenüber den gesellschaftlichen Gegebenheiten. Sinnbildlich kann man feststellen, dass in ökologischen Fragen mit angezogener Handbremse gefahren wird.

In Paris wurde im Dezember 2015 auf einer großen Klimakonferenz vereinbart, die durch Treibhausgase verursachte Erderwärmung auf deutlich unter 2 Grad zu begrenzen. 195 Länder wollen sogar versuchen, 1,5 Grad zu erreichen. Da die Treibhausgasbeschränkungen wirtschaftliche Folgen haben werden, einerseits Einschränkung z.B. im Verbrauch fossiler Energien und andrerseits in der kostspieligen Entwicklung neuer Technologien, werden sich bei der Umsetzung dieser ehrgeizigen Vereinbarungen massive Widerstände von rückwärtsgewandten Wirtschaftsinteressen und je nach Couleur politischer Entscheidungsträger auftun. Aber auch die Zähigkeit bürokratischer Prozesse und die Umgewöhnung der Bevölkerung vor allem in den Wohlstandsländern werden sich als großes Hindernis erweisen. Der Kapitalismus kann aus seiner inneren Logik heraus nur auf die Wahl zwischen „Pest und Cholera", d.h. ökologische oder ökonomische Katastrophe oder als worst case auf beide Szenarien in einer zutreiben.

In der künftigen Gesellschaft ist der Umweltschutz in allen gesellschaftlichen Bereichen präsent. Ob in der Familie, den Hausgemeinschaften, den Betrieben, den Bildungs-, und Infrastruktureinrichtungen, überall wird darauf geachtet, dass mit der Umwelt sorgfältig, sparsam und gedeihlich umgegangen wird. Das beginnt bei der Müllvermeidung, Verbrauch von Energie, Erhaltung der Tier- und Pflanzenwelt, Nichtbelastung des Klimas und dem sparsamen Verbrauch der Naturressourcen. Dazu gehört auch die Erhaltung der Wälder in ihrer Ursprünglichkeit. In der Erziehung zu Hause und im Vorschulalter müssen die Kinder auf den sorgsamen Umgang mit der Natur vorbereitet werden, sodass für die Erwachsenen es zur Selbstverständlichkeit wird, das Gelernte im Alltag beständig anzuwenden. Durch die nachhaltige Produktion von langlebigen und ausreichenden Gütern werden die Naturressourcen geschont und nicht zu schnell verbraucht.

Trotz allem vorbildlichen Verhaltens der künftigen Menschheit in ökologischen Dingen bleibt jedoch die Frage, wie zerstört die neue Gesellschaft die Umwelt vom Kapitalismus übernommen hat. Sind bestimmte Naturbereiche unwiderruflich verloren gegangen und welche Bereiche sind reparabel? Die heutigen Gesellschaften tragen daher eine große Verantwortung für die kommenden Generationen.

Die Energieversorgung wird vor allem durch die Bereitstellung regenerativer Energiesysteme wie Sonnen-, Wind-, Wasser- und Biomasse betrieben. Auf Atomenergie wird vollkommen verzichtet, Ressourcen der Öl- und Kohleenergie werden nur als Reserve bereitgehalten. Als herkömmliche Energiequelle wird nur das Erdgas bereitgestellt, jedoch ohne Frackingförderung.

Der Außenhandel

Der heutige Außenhandel, d. h. der Austausch von Waren, Dienstleistungen und Kapital zwischen den Nationalökonomien ist sehr ungleichgewichtig und unausgeglichen, was wiederum eine wesentliche Ursache für die Krisen in der Weltwirtschaft ist. Ich möchte nur 2 wesentliche Gesichtspunkte herausgreifen: die Armut und die Handelsbilanzdisparitäten zwischen den Nationen.

Als extreme Armut wird von der UNO ein verfügbares Einkommen von 1,25 Dollar/Tag/Person bezeichnet. Die Quote sank nach UN-Angaben von 1990 mit 1.922 Millionen zu 2011 mit 1.010 Millionen Menschen, im Verhältnis zur gesamten Menschheit sind dies 1990 36,4% und 2011 14,5%. Während China mit einer Reduzierung seiner Armut um 605 Millionen Menschen, d.h. von 30% auf 17% seiner Bevölkerung wesentlich zu dieser günstigen Entwicklung beigetragen hat, hat sie sich im selben Zeitraum in Afrika südlich der Sahelzone um 45% erhöht.(ISW Globale Einkommensverteilung S.2).

Von internationalen Organisationen (u.a.IWF und Weltbank) veranlasste und auch aus Kolonialzeiten stammende Monokulturen, die sehr den

Preisschwankungen des Weltmarktes ausgeliefert sind, Vernachlässigung der Eigenversorgung durch Kleingewerbe, lokalen Handel und heimischer Landwirtschaft, Öffnung des Marktes für Billigprodukte (Kleidung, Fleisch) aus den entwickelten Ländern, außer Monokulturprodukten geringe Exportchancen auf dem Weltmarkt und daher defizitäre Handelsbilanz, daraus folgend hohe Auslandsschulden und von den internationalen Finanzinstitutionen veranlasste niedrige Aufwendungen für den sozialen, Bildungs- und Gesundheitsbereich, korrupte und selbstbereichernde Eliten und schließlich die Bürgerkriege tragen wesentlich dazu bei, dass Schwarzafrika immer noch der Kontinent mit den größten sozialen, ökonomischen und politischen Problemen ist.

Im internationalen Güteraustausch gibt es Volkswirtschaften mit großen Handelsüberschüssen wie Deutschland und China und jenen mit immensen Defiziten wie die USA, Indien und Japan. Besonders Deutschland beliefert die Welt mit hochwertigen und aufgrund seiner Niedriglohnpolitik günstigen Waren. Die zeitweilige Schwäche des Euro gegenüber anderen Währungen hat auch ihren Anteil daran. Die USA mit ihrem Monopol des Dollars als Weltwährung kann sich die hohe Ver-

schuldung leisten und wie ein Riesenstaubsauger Autos, Maschinen und Haushaltsartikel usw. aus aller Welt aufsaugen. Andere Länder geraten mit ihrem defizitären Außenhandel schnell in die Schuldenfalle, was sich zu einer großen Last für ihre Ökonomie und Gesellschaft auswirkt.

Dies kann man an den hochverschuldeten Länder des Euroraumes wie Griechenland, Spanien, Portugal erkennen, für die von der EU unter Federführung Deutschlands ein rigides Austeritätsprogramm verordnet wurde, das die Ökonomien und die soziale Lage breiter Bevölkerungsschichten nochmals drastisch verschlechterte. Die ökonomische Hegemonie Deutschlands und andrerseits der Niedergang vor allem des südlichen Euroraumes führt zu einem starken Ungleichgewicht, was die Europäische Union und hier vor allem die Eurozone gefährdet und sie sogar sprengen kann.

In der zukünftigen Gesellschaft ist bei den Planungen zu berücksichtigen, dass eine bestimmte Anzahl von Gütern für den Austausch mit dem Ausland (Export) hergestellt werden muss, um entsprechend auch Güter einführen zu können. Die Güter werden nach der eingesetzten Arbeit mit Berücksichtigung der Arbeitszeit für die Vorprodukte bewertet.

Jede moderne Volkswirtschaft verfügt nicht über alle Ressourcen, um eine autarke Wirtschaftseinheit bilden zu können. Sie ist daher auf den Güteraustausch mit dem Ausland angewiesen. Da die anderen Volkswirtschaften voraussichtlich für längere Zeit nach unterschiedlichen Wirtschaftssystemen betrieben werden, muss eine Weltwährung eingeführt werden, die die Werte für die zu exportierenden und importierenden Güter ausdrücken kann. Natürlich können die neuen Volkswirtschaften, die keinen Gewinn für die Kapitalistenklasse erwirtschaften müssen, ihre Güter billiger anbieten als die noch mehr kapitalistisch geprägten Volkswirtschaften. Dies erzeugt einen Druck auf die „alten" Gesellschaften, sich mehr und mehr den neuen Gegebenheiten anzupassen. Auf dem Weltmarkt entsteht dadurch eine Konkurrenz zwischen den unterschiedlichen Volkswirtschaftssystemen.

Um bestimmte notwendige Güter auf dem Weltmarkt einkaufen zu können (Import), muss man eine wertmäßig gleiche Anzahl an Gütern auf dem Weltmarkt verkaufen (Export) können; d.h. die eigenen Produkte müssen auf dem Weltmarkt nachgefragt werden. Jedes Land muss neben der Grundversorgung an Gütern seine eigene Stärke für den wirtschaftlichen Austausch finden und weiter entwickeln, d.h. es findet eine Spezialisierung und Abhängigkeit zwischen den Volkswirtschaften statt. Grundsätzlich gilt jedoch: was im eigenen Land hergestellt werden kann, wird nicht importiert; jede Volkswirtschaft, die auf den Import bestimmter Güter angewiesen ist, muss andrerseits dem Weltmarkt Güter oder Dienstleistungen (z.B. Tourismus) anbieten können. Es wird eine Basisautarkie für jede Nation angestrebt, ergänzt durch Güteraustausch mit anderen Nationen.

Die Einnahmen durch den Export und die Ausgaben für den Import werden über ein Außenhandelskonto verrechnet. Dieses sollte einschließlich der Forderungen und Verbindlichkeiten zum Jahresende ausgeglichen sein. Um die Verrechnungen praktikabel zu machen, können für den Ex- und Import gewisse Zahlungsziele bis zu einem Jahr eingeräumt werden. Jedoch kann keine Volkswirtschaft auf Dauer mehr importieren als exportieren und der überwiegende Export ginge zu Lasten der anderen Länder.

Hat eine Volkswirtschaft mit größeren Problemen wie mangelnden Ressourcen, negativen Ereignissen, erhöhten Aufwendungen für den Aufbau einer Infrastruktur und Industrie zu kämpfen, können materielle Hilfen und Dienstleistungen ohne Ge-

genleistungen bei den anderen Volkswirtschaften über den Kontinental- bzw. Weltgemeinschaftsrat beantragt werden. Deren Beschlüsse müssen durch die einzelnen Volkswirtschaften ausgeführt werden.

Jede Nation hat Interesse daran, sich an dem Ausgleich der Volkswirtschaften zu beteiligen, denn jede von ihnen kann aus welchen Gründen auch immer in die Lage kommen, die Hilfe der Weltgemeinschaft in Anspruch nehmen zu müssen. In diesem Zusammenhang passt das Zitat von Che Guevara: Die Solidarität ist die Zärtlichkeit unter den Völkern.

Hat eine Volkswirtschaft aufgrund seiner Wirtschaftsstruktur und fehlender Ressourcen keine Entwicklungschancen, so ist unter Beteiligung der Bevölkerung auch ein zukunftsfähiger Zusammenschluss mit einer anderen Volkswirtschaft möglich.

Vom Weltgemeinschaftsrat wird überwacht, ob die Entwicklungen der Volkswirtschaften sich annähern und keine Volkswirtschaft gegenüber den anderen sich einseitig Vorteile verschafft, die es ihr erlauben, ein wirtschaftliches Übergewicht auf dem Weltmarkt zu erreichen. Wirtschaftskriege dürfen nicht mehr stattfinden. Ebenso müssen Lasten wie

die in der Ökologie, sozialen Entwicklung (Wohl-
standhebung und -senkung) zwischen den Volkswirtschaften gerecht verteilt und notfalls ausgeglichen werden.

Die Finanzwirtschaft

Die Finanzwirtschaft beschäftigt sich mit Geld in jeglicher Form. Geld wird benötigt als Tauschmittel, Aufbewahrungsmittel und als Kredit. Als Tauschmittel ermöglicht es den Kauf und Verkauf von Waren aller Art, als unverderbliches Aufbewahrungsmittel kann man Geld sparen und Kapital bilden, um dann z.B. eine größere Anschaffung zu tätigen und schließlich als Kreditmittel kann Geldwert gegen eine Vergütung, dem Zins einem Kreditnehmer vorübergehend und gegen Rückzahlung zur Verfügung gestellt werden.

In der modernen Gesellschaft gehört die Finanzwirtschaft, insbesondere die Banken und Versicherungen zum Dienstleistungssektor einer Volkswirtschaft. So haben die Banken die grundsätzliche Aufgabe, überflüssige Gelder der Wirtschaftsunternehmen, der privaten und öffentlichen Haushalte einzusammeln und als Kredit den Wirtschaftseinheiten, die Bedarf an Investitionen und Anschaffungen haben, zur Verfügung zu stellen. Denn bevor ein Betrieb durch den Verkauf seiner Waren Geld erlöst, benötigt er Geld, um Gebäude, Maschinen, Roh- Hilfs- und Betriebsstoffe zu beschaffen und Arbeitskräfte zu entlohnen. Dies gilt auch für die

Erweiterung eines Betriebes, was er nicht nur allein mit dem akkumulierten Kapital bewerkstelligen kann. Die zeitliche Überbrückung leistet die Bank mit ihren finanziellen Möglichkeiten. Auch ein Einzelhaushalt benötigt z.B. Kredit für Einrichtungsanschaffungen bei Gründung des Hausstandes einer jungen Familie oder die Anschaffung eines Autos, um den entfernt gelegenen Arbeitsplatz zu erreichen. Weiterhin haben die Banken für einen reibungslosen Zahlungsverkehr, der eine beachtliche Dienstleistung für alle Wirtschaftsbeteiligten ist, zu sorgen.

Die Versicherungswirtschaft hat die Aufgabe, die Wirtschaftseinheiten gegen alle möglichen Risiken zu versichern. Darüber hinaus erstrebt sie auch in Form der Lebensversicherungen renditegünstige Anlagen für eine Zwischenform des Sparens und der Abdeckung des Versicherungsrisikos.

Die Finanzwirtschaft hat sich im heutigen Kapitalismus weit über diese dienenden Funktionen hinausentwickelt. Sie ist heute zum bestimmenden Faktor in den Volkswirtschaften geworden. Bedingt durch die Überschüsse, die in der Industrie in den 70'er und 80'er Jahren erzielt wurden und nicht mehr in Produktionskapazitäten aufgrund der nachlassenden Nachfrage investiert werden konn-

ten, wurden den Banken und anderen Finanzinstituten riesige Geldmengen mit dem Auftrag zur Verfügung gestellt, günstige Geldanlagen zu generieren. Dabei setzten die Anlageverantwortlichen der Banken und Versicherungen stets auf die Branche einer Volkswirtschaft, die den höchst möglichen Gewinn für die Zukunft versprach. Dies konnte die EDV-Industrie, die Bau- und Immobilienwirtschaft, aber auch Nahrungsmittel sein.

Durch die reichliche Bereitstellung von Geldmitteln und dem Investitionsoptimismus der Investoren wurden Überkapazitäten aufgebaut, die aufgrund der gesättigten Nachfrage überflüssig wurden und schließlich in sich zusammenbrachen, so geschehen in der letzten großen Krise, der Immobilienkrise. Die zur Verfügungstellung billiger Kredite, der nicht zu rechtfertigende Glaube der Kreditnehmer an Spekulationsgewinne, die Einbeziehung nicht solventer Käuferschichten und undurchsichtige Kreditketten führten schließlich zu einem großen Crash des Immobilien- und Kreditmarktes, was Banken aufgrund der ausfallenden Kredittilgungen in große Schwierigkeiten brachte und bei vielen zum Zusammenbruch führte. Die Banken von nationaler Bedeutung konnten nur mit staatlicher Hil-

*fe d.h. mit Steuergeldern der Allgemeinheit die Kri-
se überstehen.*

*Da im heutigen Kapitalismus das oberste Prin-
zip die Gewinnerzielung ist, wird aufgrund mangelnder realwirtschaftlicher Anlagen weiterhin viel
Geld in die Finanzwirtschaft gepumpt. Dies erfolgt
vor allem von Unternehmen aber auch von reichen
Einzelpersonen, die über stetig wachsende Einkommen und Vermögen verfügen. Trotz eines luxuri-
ösen Lebensstandards stehen ihnen noch genügend
Geldmittel zum Spekulieren bereit. Es wird mit allen möglichen Geldanlagemitteln an Börsen und
außerhalb der Börsen spekulativ, vorallem per
EDV, mit hohen Summen, hohem Tempo und hohem
Risiko gehandelt.*

*Große Geldsammelstellen wie Investment- und
Pensionsfonds investieren auch in die Industrie,
kaufen z.T. florierende Betriebe auf, zerlegen sie,
um dann die einzelnen Betriebsteile mit Gewinn
wieder zu verkaufen. Dies geschieht ohne Rück-
sicht auf die Beschäftigten und die Wirtschaftsstruktur einer ganzen Region. Auch die öffentliche
Daseinsvorsorge, wie Wasserwerke, Verkehrsmittel,
Bildungseinrichtungen usw. sind der Begierde der
Finanzindustrie ausgesetzt. Die Phantasie der
Geldkapitalisten ist in dieser Hinsicht grenzenlos.*

Aber auch illegale Praktiken werden von den Finanzinstituten angewandt, wie die Beihilfe zur Steuerhinterziehung, die Finanzierung von illegalen Außenhandelsgeschäften, die Entgegennahme von Geldern aus kriminellen Quellen, die Manipulierung internationaler Zinssätze wie den Libor usw.

Die Finanzwirtschaft ist aufgrund ihrer Finanzkraft und internationalen Verflechtung von der nationalen und internationalen Politik nicht mehr beherrschbar. Im Gegenteil, sie beherrscht die Politik, sie lässt sich nicht mehr durch Gesetze eingrenzen und auf die ursprünglich dienende Funktion zurückführen.

Schließlich spekulieren die globalen Finanzplayer auf den Staatsbankrott ganzer Volkswirtschaften aufgrund deren hohen Verschuldung. Die EU mit ihrer EZB mussten milliardenschwere „Rettungsringe" bereitstellen, um geschwächte Volkswirtschaften über Wasser zu halten und durch eine brutale Austeritätspolitik die Bevölkerung für die unseriöse Finanzpolitik früherer Regierungen zu bestrafen. Der Volkswillen, ausgedrückt in Wahlen hat überhaupt keinen Einfluss mehr auf die Landespolitik. Durch ihre Rücksichtslosigkeit ist die

Finanzwirtschaft zum Krebsgeschwür der kapitalistischen Gesellschaften geworden.

In einer künftigen Gesellschaft gibt es keine Finanzwirtschaft mehr. Nicht wegen den o.g. schlechten Erfahrungen, sondern weil die Finanzwirtschaft nicht zum neuen Gesellschaftssystem passt, sie ist überflüssig geworden.

Kann man Geld essen, kann man sich mit Geld kleiden oder in einem Haus aus Geldscheinen wohnen? Geld ist eigentlich nur bedrucktes Papier oder Zahlen auf einem Konto, mit dem man materiell nichts anfangen kann. Erst durch die allgemeine Anerkennung seiner Tausch- Spar- und Kreditfunktion erhält es seine Bedeutung. Die künftige Gesellschaft beruht darauf, dass nützliche Güter allen Mitgliedern der Gesellschaft in gleichem Umfang und zur gleichen Qualität zur Verfügung gestellt werden. Das bedeutet auch, dass Sparen und Kredit nicht mehr nötig sind. Jeder einzelne erhält von den Betrieben das, was er zum Leben braucht. Er muss nicht sparen, um sich etwas größeres anzuschaffen. In bestimmten von den Räten festgelegten Zeitabständen werden dem Konsumenten Gebrauchsgüter für eine längere Nutzungsdauer von den Betrieben zur Verfügung gestellt. Dafür erhält jeder Einwohner ein bestimmtes Kontingent an Anteilen, über die er jeweils bereichsmäßig aufgeteilt frei verfügen kann. Es sind auch keine Kredite z.B. für Betriebe notwendig. Die Anlagen und Maschinen werden ihnen von den anderen Betrieben ebenfalls in bestimmten Zeitintervallen, die den Abnutzungszeiten entsprechen, bereitgestellt.

Die Erhebung von Steuern jeglicher Art erübrigt sich ebenfalls. Die Aufgaben der Gemeinschaftskonsumenten, ob dies die Hausgemeinschaft, der Stadtteil, der Ort, die Stadt, die Region oder die Nation ist, werden nach Plan und Zustimmung der zuständigen Räte durch Betriebe erfüllt. Letztendlich brauchen die Gemeinschaften nicht Geld, sondern Güter und Dienstleistungen. Und wenn zusätzlich Teile davon für schlechte Zeiten oder Katastrophen vorrätig gehalten werden müssen, so erfolgt dies auf Beschluss der Räte.

Die möglichen Problemfelder im Produktionsbereich

Als größtes Problem im Produktionsbereich sehe ich die Bürokratisierung im Planungsablauf an. Da jedoch die Betriebe in regen Austauschbeziehungen stehen und sich gut kennen, erfolgt das ganze Jahr über eine permanente Kommunikation zwischen ihnen. Zu den festgesetzten Planterminen müssen die Plandetails nur noch zusammengefasst werden.

Natürlich ist der Konsument mit seinen häufig sich ändernden Wünschen „das unbekannte Wesen." Aber auch hier gleichen sich oft die Wünsche der einzelnen in ihrer Gesamtheit aus und die Erfahrungswerte in der Güterherstellung spielen eine wichtige Rolle. Die Kunst des planvollen Handelns besteht in der künftigen Gesellschaft darin, die Bedürfnisse des einzelnen mit den Gegebenheiten der Gesamtheit in Einklang zu bringen.

Robinson Crusoe musste sich mit niemandem absprechen. Kam jedoch Freitag hinzu, war schon eine Abstimmung nötig. Und wie groß ist erst der Abstimmungsbedarf bei 48 Millionen Menschen? Auch in einer vollendeten Demokratie, für die die künftige Gesellschaft steht, ist ein Zusammenleben der vielen Individuen nur durch intelligent gestaltete Verfahrensabläufe möglich.

Andrerseits, wenn sich strikt nur an die Regelvorgaben gehalten wird, obwohl sich die Bedingungen hierfür schon geändert haben, führt dies zur gesellschaftlichen Starre und Immobilismus. Dies trägt zur Demotivation der Beteiligten und schließlich zur Stagnation der ganzen Gesellschaft bei. Den Mittelweg einerseits zwischen notwendigen Regeln und andererseits deren Anpassung an die Wirklichkeit zu finden, ist eine der wichtigsten Aufgaben der Räte.

Wenn die Menschen durch ihre verantwortungsvolle Ratstätigkeit schon ab dem Schulalter in ihrem Verhalten geübt sind, besitzen sie entsprechende Einsicht in den notwendigen Regelbedarf. Die Planungen und Regeln müssen sich in der Praxis als umsetzbar und nützlich erweisen. Hat sich ein reduzierter Plan- und Regelmodus verifiziert und wird er von den Beteiligten als richtig angesehen, so wird er mit der Zeit eingeübt und als selbstverständlich empfunden. In diesem Fall können unnötige bürokratische Regeln abgebaut werden, denn die Beteiligten verstehen sich auch ohne aufwendiges Regelwerk. Allgemein kann festgestellt werden: je verantwortungsbewusster die Menschen handeln, um so weniger Regeln und auch Bürokratie sind notwendig.

Auch in der künftigen Gesellschaft leben Individuen, die befreit von Zwängen, die heute in der Arbeitswelt und auch im privaten Bereich noch vorherrschend sind, ihr eigenes Leben gestalten wollen, was sich auch im Konsumbereich auswirkt. Die künftigen Bürger sollen kein uniformes Leben führen. Sie haben das Recht, ihre Meinung zu bestimmten Konsumgütern im Laufe des Jahres zu ändern und ganz nach ihrem Geschmack sich mit neuen Modeartikeln zu versorgen. Andrerseits sind sie schon in der Schule und in der Hausgemeinschaft zum Gemeinsinn erzogen worden, sodass sie verantwortlich mit ihren Konsumbedürfnissen umgehen und die Organisation der Güterversorgung nicht überfordern.

Als weiteres Problemfeld sehe ich den Betriebsegoismus an. Wenn der Betrieb gute Güter produktiv herstellt, sind er und seine Arbeiter erstens in der Gesellschaft angesehen und zweitens können sie eventuell ihre Arbeitszeit reduzieren. Am Einkommen ändert sich bekanntlich nichts. Dies kann im Betrieb zu einem Gemeinschaftsdruck der leistungsfähigeren auf die leistungsschwächeren Arbeiter führen. Auch kann der Betrieb bei der Einstellung neuer Mitarbeiter nur leistungsstarke Bewerber berücksichtigen.

Hier sind von den Branchenräten Regeln aufzustellen, dass zwischen den Betrieben eine ausgeglichene Beschäftigtenstruktur besteht. Auch ist von den betriebsinternen Räten darauf zu achten, dass kein Betriebsmitglied aufgrund seiner Leistung oder möglichen Behinderung benachteiligt wird. Jeder Art von Mobbing ist entgegenzutreten.

IV Der Reproduktionsbereich

Die Einzelkonsumenten

Die heutige Konsumgesellschaft ist einerseits gekennzeichnet durch ein Überangebot an Waren aller Art und andrerseits durch die immer größer werdende Kluft zwischen Reich und Arm. Das untere Einkommensdrittel der hiesigen Bevölkerung verfügt über eine ständig abnehmende Kaufkraft, während der Anteil der hohen Einkommensbezieher sich zahlen- und vor allem wertmäßig vergrößert und der Anteil der Mittelschicht abnimmt. Die abnehmende Kaufkraft breiter Bevölkerungskreise wird durch Kreditgewährung an die Konsumenten mit der Gefahr von Überschuldung und durch den expansiven Export volkswirtschaftlich ausgeglichen.

Die kreditfinanzierte Nachfrage und die durch aggressive Werbung entfachten Konsumwunsche können durch Bereitstellung von Billigprodukten aus dem In- (z.B.Lebensmittel) und Ausland (z.B.Textilien) die beschränkten Konsummöglichkeiten der Haushalte ausgleichen.

Harvey (Pol.Bl.9.15,S.84) stellt dazu fest: "Um das Problem der durch Lohndumping und technologische Arbeitslosigkeit hervorgerufenen Nachfra-

geschwäche zu lösen, ist ein entfremdender Konsu-
mismus erforderlich. Die Masse der Arbeiter sieht
sich überall von demonstrativem Konsum umgeben
und bemüht sich verzweifelt, ihr Einkommen aufzu-
bessern (etwa durch längere Arbeitszeiten), um ihre
künstlich erzeugten Bedürfnisse zu befriedigen und
mit den anderen Schritt zu halten."

Die Ablenkung von wirklichen Problemstellun-
gen und Widersprüchen, ob im privaten oder ge-
sellschaftlichen Bereich erfolgt durch die Propa-
gierung des Konsumismus. Um ihre psychischen
Nöte auszugleichen, steigern sich die Konsumenten
in Akten der Verdrängung in einen Art Kaufrausch
mit großem Suchtpotential und machen sich
schließlich vom Konsum abhängig.

Lt. Gorz (Pol.Bl.S.87) „trägt der Konsumismus
wiederum entscheidend dazu bei, die Netze von So-
lidarität und Beistand zu zerstören, sozialen und
familiären Zusammenhalt aufzulösen und das Zu-
sammengehörigkeitsgefühl zu zersetzen".

Aufgabe der Werbung ist es, im Rahmen unserer
kapitalistischen Gesellschaftsordnung eine Schein-
welt des Glücks aufzubauen, deren Erreichung das
erstrebenswerte Ziel eines jeden einzelnen ist. Das
soll der Ausgleich für die knechtische Anpassung

und entfremdende Arbeitsmühe sein. Wer kennt aber nicht das enttäuschende Gefühl, das man oft nach dem Erwerb einer Ware hat, weil die Realität der Ware überhaupt nicht mit deren Bild, das von der Werbung so überzeugend und überschwänglich gezeichnet wurde, übereinstimmt?

Nach Gorz (Pol.Bl.S.85) sind „die Individuen davon zu überzeugen, dass die ihnen angebotenen Konsumgüter die während der Arbeitszeit erforderlichen Opfer bei weitem kompensieren und dass sie eine Nische privaten Glücks darstellen, die dem allgemeinen Schicksal zu entfliehen erlaubt – das ist die Aufgabe der kommerziellen Werbung."

Die künftige Gesellschaft ist gekennzeichnet einerseits durch die gemeinsame Herstellung der Güter und Dienstleistungen und andrerseits durch den individuellen selbstbestimmten Konsum jedes einzelnen. Wie kann dieser Spagat zwischen Gemeinschaft und Individuum überbrückt werden?

Alle Einzelpersonen, gleichgültig ob Erwachsener, Kind, Rentner oder Behinderter verfügen über ein Konsumkonto mit gleichen Anteilsummen an Konsummöglichkeiten für Erwachsene und gestaffelten Anteile für Kinder und Jugendliche bis 15 Jahre. Mithilfe eines Versorgungskontos und einer

-karte, über die die Verrechnungen erfolgen, können die Konsumartikel erworben werden. Bei jedem Erwerb werden die Werte der erworbenen Güter gleichzeitig vom Konto wie von der Karte abgebucht und der aktuelle Kontostand des Restguthabens an Anteilen aufgezeigt. Bei Kindern bis 14 Jahre und geistig Behinderten ist der Erziehungsberechtigte bzw. der Betreuer mitverfügungsberechtigt. Die genutzten Anteile werden andrerseits den leistenden Versorgungsbetrieben gutgeschrieben.

Jedes Individuum hat aufgrund der gleichen Anteilsumme die gleichen Konsummöglichkeiten. Dies bedeutet jedoch nicht, dass das Konsumangebot einseitig und eintönig sein muss; im Gegenteil, jeder Verbraucher ist aufgefordert, durch Kritik, Verbesserungsvorschläge und neue Ideen zur Vielfalt des Konsumangebots beizutragen. (s.u. „Planverlauf")

Betrachten wir einmal das Kleiderangebot. Von den Produzenten wird jedes Jahr ein bestimmtes Angebot in das Netz gestellt. Je nach Nachfrage erkennen die Produzenten, welche Kleider zur Zufriedenheit der Verbraucher beigetragen haben. Zusätzlich können die Verbraucher im Netz wie oben erwähnt ihre positiven und negativen Kritiken sowie neue Ideen eingeben. Es findet eine rege Kommunikation zwischen den Produzenten und Konsumenten statt. Der Erfolg eines Gutes und eines Betriebes wird nicht am Gewinn gemessen sondern an der Anerkennung, die beide in der Bevölkerung genießen.

Die zur Verfügung gestellten Güter sind eingeteilt in die Bereiche:

–   Lebensmittel (Bereich 1),

–   Kleidung (B.2),

–   Haushaltsgeräte und -einrichtung mit dazugehörigen Reparaturen (B.3),

–   Gesundheit (Medikamente und medizinische Hilfsmittel zusätzlich zur freien Grundversorgung) (B.4),

–   Energie (Elektrizität, Gas) u. Wasser (B.5),

–   Mobilität (freizeitbedingtes Reisen) (B.6),

–   Freizeit (Sport, Veranstaltungen) (B.7),

–   Bildung (zusätzliches Studium, weiterführende Ausbildung) (B.8),

–   Kultur (z.B. Malutensilien, Musikinstrumente, Bücher) (B.9)

–   Sonstiges: verschiedene Dienstleistungen
und Güter (z.B. Essen und Trinken außerhalb der
Wohnung, Luxusgüter) (B.10).

Wie wird in der neuen Gesellschaft mit Luxusgütern wie Schmuck, Parfum, Kosmetika usw. umgegangen? Zum Erwerb des Schmucks stehen unter
dem Bereich Sonstiges, in dem alle nicht-lebensnotwendigen Güter und Dienstleistungen zusammengefasst sind, eine festgelegte Summe von Anteilen dem Konsumenten zur Verfügung. Er hat die
Auswahl, ob er z.B. öfter außerhalb in einem
Restaurant isst, Schmuck oder Parfums oder die
Frauen Kosmetika sich erwerben. Da alle Konsumenten und Konsumentinnen über die gleiche Anteilsumme verfügen, haben auch alle den gleichen
Zugang zu Luxusartikeln. Viele Luxusartikel wie
Schmuck werden nicht industriell sondern handwerklich gefertigt, sind deshalb wegen der längeren Arbeitszeit sehr hochwertig und für sie müssen
eine dementsprechende Anzahl von Anteilen vom
Konsumenten verausgabt werden.

Die Gesamtanteilsumme pro Jahr und Konsument beträgt z.B. 36.000 Anteile, d.h. im Monat
3.000 Anteile. Die Aufteilung auf jeden Bereich
setzt der Nationalrat aufgrund eines statistischen
Güterkorbs fest. Je nach Bedarf der Konsumenten

können die Anteilsummen für jeden Bereich vom Nationalrat zusammen mit dem wissenschaftlichen Beirat neu festgesetzt werden. Für jeden Bereich ergibt sich ein bestimmter Höchstbetrag an Anteilen, der ausgeschöpft werden kann oder bei Nichtinanspruchnahme am Jahresende verfällt. Die Ausnahme besteht bei Haushaltsgründung für größere Anschaffungen wie Haushaltseinrichtungen mit langlebigen Gebrauchsgütern. Da der Konsument über die über Jahre verteilten Anteile bei Haushaltsgründung nicht verfügen kann und ein Ansparen nicht zumutbar ist, kann der Anteilsbetrag einmalig als Mehrjahresbetrag in Anspruch genommen und über mehrere Jahre anteilsmäßig getilgt werden.

Innerhalb der Konsumbereiche kann frei gewählt, aber nicht zwischen den einzelnen Bereichen verrechnet werden. So können im Bereich Kultur Musikinstrumente, Bücher oder Malutensilien bis zum Höchstbetrag des Bereichs 9 erworben werden.

Es kann jedoch vom Konsumenten nicht bestimmt werden, dass er seine Anteile an Kleidung und Nahrung über das Bereichsquantum erhöht und entsprechend auf die Anteile von Freizeit und Bildung verzichtet. Zu einem Menschsein auf hohem

Niveau gehört die Versorgung nicht nur mit ausreichender Kleidung und Nahrung sondern auch die Inanspruchnahme von Freizeit, indem man sich z.B. sportlich betätigt und indem man sich bildet. Vom Nationalrat und wissenschaftlichen Beirat werden die Quoten so festgesetzt, dass jedem Konsumenten eine ausreichende Anteilsumme aus jedem Konsumbereich für ein erfülltes Leben zur Verfügung steht. Es bleibt dem Konsumenten jedoch überlassen, ob er das Konsumquantum voll, zum Teil oder gar nicht ausschöpft.

Da die Güter nach Bedarf und im Rahmen der Bereichsanteile zugeteilt werden, kann zwischen den Einzelkonsumenten kein Handel, d.h. Kauf oder Verkauf stattfinden. Jedoch ist es möglich, Güter zu verschenken, dies gilt auch für eine gegenseitige Schenkung. Ebenso entsteht daraus keine Bewertung der Güter und gegenseitiger Rechtsanspruch, es basiert auf vollkommener Freiwilligkeit und zum Nutzen des Beschenkten.

Für den Ersatz von Kleidung und Haushaltsgeräten, deren Wert über mehrere Jahre verteilt sind, können in ihrem anteiligen Wert angespart werden, um anschließend in ihrer Gesamtsumme erworben zu werden, z.B. ein Mantel 4 Jahre, eine Hose 2 Jahre, ein Küchengerät 5 Jahre usw. Die Jahresangaben beruhen auf statistische Berechnungen der durchschnittlichen Nutzungsdauer der Gebrauchsgüter.

Da innerhalb des Bereichs Kleidung mit einer Gesamtsumme an Anteilen variiert werden kann, kann man für 1 Mantel, dessen Gebrauchsdauer 4 Jahre beträgt, 2 Kleider im Normalrhythmus erwerben zzgl. 2 Kleider, also insgesamt 4 Kleider bei Verzicht auf den Neuerwerb eines Mantels sich besorgen. Ein Mantel kann demnach im nächsten 4-Jahreszeitraum aber schon zu Beginn des Zeitraumes erworben werden. Da die Kleider über die angegebenen Gebrauchszeiträume hinaus verwendet werden können, besitzt jeder Konsument mehrere Kleidungsstücke unterschiedlicher Art.

Der Konsument kann sich die im Netz aufgeführten Güter zuschicken lassen oder sich in Versorgungszentren direkt besorgen. Mit der Karte und einer Pin-Nr. wird der jeweilige Anteilsbetrag direkt abgebucht. Die Güter sind mit der Bereichsnummer und dem Anteilsbetrag gekennzeichnet, z.B. 500 g Käse mit der Bereichsnummer 1 für Lebensmittel und 5 Anteile als Wertangabe, ebenso wird für die planerische Auswertung auch die Güterart „Käse" erfasst. Auf seinem persönlichen Konsumkonto im Netz, zu dem über die PIN-Eingabe nur der Konsument Zugang hat, kann er stets seinen Kontostand für den jeweiligen Konsumbereich erfragen und erkennen, über wie viel Guthaben er noch verfügt. Gebrauchsgüter für die Dauer von mehreren Jahren werden neben der normalen Erfassung auf dem Konsumkonto noch gesondert aufgeführt, um schnell einen Überblick über den notwendigen Ersatz nach der Abnutzungszeit zu gewinnen.

Die nachweislich durch Defekte beschädigten Haushaltsgeräte, die nicht mehr repariert werden können, sind vor dem Ende der Gebrauchszeit zu ersetzen. Dafür produzieren die Betriebe 10% auf Reserve und die Reserveprodukte, da für gewisse Zeit auf Lager vorgehalten, sind in ihrem Wert reduziert.

Zu den Reservelagern muss man auch die Second-hand-Lager der Kommunen hinzuzählen, in denen die gut erhaltenen Einrichtungsgegenstände von Verstorbenen (s.S.247) eingelagert werden und für die Konsumenten zu herabgesetzten Werten vorrätig gehalten werden.

Es gibt Maxi-Versorgungsszentren mit allen Gütern, die angeboten werden und einen großen Versorgungsradius von 20.000 Einwohnern und Mini-

Versorgungszentren mit den Gütern des täglichen Bedarfs wie Lebensmittel und einigen Haushaltsgegenständen, die dezentral in den Orten und Stadtteilen angesiedelt sind und einen Versorgungsradius von 1000 Einwohnern haben. Es kann auch Zwischenformen (Midi-Versorgungszentren) geben, die ebenfalls zu einem hohen Versorgungsgrad beitragen. Der Nationalrat setzt die Prämissen für die Versorgungsökonomie, der Regionalrat bestimmt zusammen mit dem Stadt-/Ortsrat und dem Branchenrat deren regionale und lokale Struktur.

Insgesamt nimmt der Bereich des Konsums und vor allem der Konsumerwerb nicht mehr den Stellenwert unserer heutigen Konsumgesellschaft ein. Die durch aggressive Werbung in allen Medien entfachte Konsummanie mit Shopping, Prestigekauf, und Kaufsucht ist der neuen Gesellschaft völlig fremd. Die Konsummöglichkeiten, die jeder aufgrund der gleichen Anteilsumme hat, sind die von der Gemeinschaft jedem einzelnen zur Verfügung gestellte Existenzgrundlage, um die sich niemand sorgen muss. Man besorgt sich, was man zum Leben benötigt und beteiligt sich aus Interesse an der Verbesserung und Bereicherung des Güterangebotes. Es können jedoch in verstärktem Maße die Interessen und Neigungen jedes Einzelnen durch künstlerische, bildungsmäßige, sportliche, gesellige und entspannungsfördernde Aktivitäten gepflegt werden.

Das Soziale des Umgangs der Menschen untereinander, das Engagement in den Gemeinschaften, die gemeinsame Leistungserbringung am Arbeitsplatz unter humanen Bedingungen und die Mitwirkung in den Räten stehen viel stärker im Vordergrund und wird für den einzelnen durch die Anerkennung, aber auch durch die Kritik der Gemeinschaft gefördert und in die richtige Bahnen gelenkt. Nicht mehr die Belohnung durch ein hohes Einkommen sondern der informelle Platz, den jemand in der Gemeinschaft einnimmt, sind der Gradmesser für ein erfolgreiches Leben.

Die Gemeinschaftskonsumenten

Die heutigen Gemeinschaftskonsumenten sind die öffentliche Verwaltung in Gestalt des Bundes, der Länder, Kommunen, Zweckverbände und Sozialversicherungsträger. Aufgrund des ehrgeizigen Ziels eines ausgeglichenen staatlichen Haushaltes ohne Kreditaufnahme werden viele notwendige Investitionen in den Infrastrukturbereich (Verkehr, Schulen usw.) entweder gestrichen oder hinausgeschoben. Lieber werden von Seiten der herrschenden Politik die verhältnismäßig günstigen Steuersätze für hohe Einkommen und Vermögen unangetastet gelassen als die Finanznot manches Landes oder mancher Kommune zu beheben. Die günstigen Steuersätze werden benötigt, um das heimische Kapital zu binden und den Standort Deutschland für ausländisches Kapital attraktiv zu machen. Von den z.T. harten Einschnitten z.B. in die Ausgaben der Kommunen sind vor allem die Bevölkerungskreise betroffen, die auf die öffentlichen Dienstleistungen angewiesen sind. Die unteren bis mittleren Einkommensschichten besitzen keinen Swimmingpool auf eigenem Grundstück oder können ihre Kinder auf eine Privatschule schicken sondern sind auf die Bereitstellung öffent-

licher Badeeinrichtungen und ein gut funktio-
nierendes öffentliches Schulwesen angewiesen.

In der künftigen Gesellschaftsordnung stellen die jeweiligen Verbraucherräte der Wohn-, Stadt-teil(Orts)-, Stadt-, Region unter Beteiligung des wissenschaftlichen Beirates einen Anschaffungs-plan für die Gemeinschaftsgüter (Energie, Infra-struktur, Wohnanlage, Bildung, Freizeit usw.) auf. Den geplanten Investitionsvorhaben auf lokaler Ebene gehen Diskussionen mit Beschlüssen auf Bürgerversammlungen voraus. Ebenso können re-gistrierte Vereinigungen des Sports, der Freizeit und der Kultur Anträge auf Versorgung mit Ge-meinschaftsgütern bei den Stadtteil- bzw. Ortsräten stellen. Ebenfalls wie bei den Einzelkonsumenten werden unter vorheriger Beteiligung der Bevölke-rung und der Räte in den Monaten Juni-Juli neu entwickelte Gemeinschaftsgüter von den Betrieben in das Netz gestellt (s.Kap. „Planverlauf")

Die Gemeinschaftseinheiten verfügen über ein Investitionskonto mit festgelegten Intervallen von Anschaffungen, die sich an die Abnutzungszeit der Gemeinschaftsgüter orientieren. Hier gibt es keine Obergrenzen an Anteile für die Anschaffung der Güter, jedoch muss jeder Gemeinschaftsgüterplan einer Verbrauchereinheit im Gesamtinteresse von der jeweiligen höheren Verbrauchereinheit (Ort-, Stadtteil-, Stadt-, Region-, Nation) und unter Beteiligung des wissenschaftlichen Beirates genehmigt werden. Anschließend wird der Auftrag vom jeweiligen Rat an den zuständigen Betrieb erteilt.

Je nach Zweckmäßigkeit kann die höhere Verbrauchereinheit die Anschaffungsvorhaben der unteren Verbrauchereinheiten zusammenfassen und sie über den jeweiligen Branchenrat und diese wiederum an den Betrieb, der für die betreffende Stadt bzw. Region zuständig ist, weiterleiten. Ansonsten verläuft der Planungsprozess der Betriebe bis zum Volkswirtschaftsplan des Nationalrates analog zu dem der Einzelkonsumenten (s.Kap. „Planverlauf")

Wie in den Produktionseinheiten bestehen in den Einheiten des Gemeinschaftskonsums Räte nach dem Prinzip der partizipativen Demokratie und die Beteiligung aller Teilnehmer möglichst nach den Prinzipien der direkten Demokratie. Die höheren Räte sind jedoch die des Reproduktionsbereichs wie Stadtteil/Orts-, Stadt-, Regional- und die Hälfte des Nationalrats.

Das Bildungswesen

Durch die Kulturhoheit der Länder ist die Bildungspolitik Aufgabe der Bundesländer und somit sehr uneinheitlich. Zwischen dem konservativen Bayern mit seinem stringenten dreigliedrigen Schulsystem und den Stadtstaaten wie Berlin und Bremen mit Gemeinschaftsschulen tut sich ein wahrer Graben an Unterschieden auf, der nur mühsam durch gemeinsame Kultusministerkonferenzen der Länder überbrückt wird. Die Kulturhoheit wird eifersüchtig gehütet und parteipolitisch beeinflusst gegen jede Vereinheitlichung verteidigt. Leidtragende sind die Schüler, die wegen dem beruflich bedingten Umzug ihrer Eltern z.B. von Berlin nach München oder umgekehrt in der neuen Schule größte Anpassungsschwierigkeiten an die unterschiedlichen Lerninhalte und Unterrichtsmethoden haben.

Aber auch innerhalb der Länder bestehen Defizite. Die nicht ausreichende Anzahl an Pädagogen, mangelnde Hilfen für lernschwache Schüler und das wie in Baden-Württemberg trotz Gemeinschaftsschulen grundsätzlich weiterbestehende dreigliedrige System von Grund- und z.T. Haupt(Werkreal)-, Realschulen und Gymnasien tragen zu den Mängeln unseres Bildungssystems bei.

Immer stärker wirkt sich die soziale Schere zwischen Arm und Reich aus, wenn Kinder aus begüterten Familien auf teure Privatschulen geschickt werden, oder ggf. mit kommerzieller Lernunterstützung die Gymnasien besuchen.

Auch in den Lerninhalten sind Mängel festzustellen, wenn der Schwerpunkt auf der Wissensvermittlung und weniger auf lebenspraktischen und sozialen Kompetenzen liegt. Man kann nicht früh genug mit der Erziehung junger Menschen zur Bewältigung von Lebensproblemen und zum engagierten und verantwortungsbewussten Staatsbürger beginnen.

In der künftigen Gesellschaftsordnung brauchen wir Menschen, die von Kind auf den sozialen Umgang untereinander erlernt haben. Dies fängt schon in der häuslichen Gemeinschaft an. Nicht nur die Eltern sind verantwortlich für die Erziehung und Entwicklung des Kindes sondern die Hausgemeinschaft, die sich um alle Kinder im Hause kümmert. Dass die natürliche Bindung des Kindes zu Mutter und Vater nach der Geburt und in der Frühphase der kindlichen Entwicklung seinen Stellenwert behält, versteht sich von selbst.

Schrittweise wird den Kleinkindern durch den Umgang untereinander das soziale Verhalten beigebracht. Ob dies ungezwungen im Alltag praktiziert wird, die Beaufsichtigung und Erziehung der Kinder abwechselnd durch die erwachsenen Hausbewohner erfolgt oder man zusätzlich eine Erziehungskraft von außen holt, muss nach Praktizierbarkeit von den Hausbewohnern entschieden werden.

Nach drei Jahren sind die Kinder genug entwickelt, um die außerhäusliche Vorschule zu besuchen, in der das kindliche Lernen durch ausgebildete Erzieher erfolgt. Aber weiterhin ist die Hausgemeinschaft in der freien Zeit für die Kinder zuständig. Sie sind schon früh nach Neigung zu fördern und üben verstärkt den sozialen Umgang untereinander. Ihre Wünsche sind so weit wie möglich zu berücksichtigen aber auch zum Beachten der Regeln des sozialen Verhaltens, d.h. der Anteil- und Rücksichtnahme gegenüber den anderen Kindern zu erziehen. In der Vorschule wird den Kindern erstes Wissen über ihre Umgebung spielerisch und praxisnah vermittelt.

Die Schule, die die Kinder wie heute ab dem 6.Lebensjahr besuchen, steht außer der Wissensvermittlung das soziale Lernen sowie das Erlernen der Lebenstechniken eines späteren Konsumenten und Einblicke in das Arbeitsleben im Vordergrund. Durch die Einrichtung von Schülerräten sowie die altersgemäße Mitentscheidung im Schulalltag üben die Schüler schon früh, wie sie später als erwachsene Mitglieder der Gesellschaft sich in ihr Umfeld einbringen können. Sie lernen, was vernünftiges Konsumieren und verantwortungsvolles Produzieren bedeutet, eine erfüllende Partnerschaft einzugehen, als einfühlsame Eltern und verantwortliches Hausgemeinschaftsmitglied zu agieren und schließlich zum Wohle ihrer Umgebung und der ganzen Nation bewusst handeln zu können.

Das nationale Bildungssystem ist in allen Regionen gleich. Die Schule ist eine Gemeinschaftsschule von 10 Jahren Schuldauer und wird als Grundschule I bezeichnet. Jede Schulklasse und jeder Leistungskurs hat aus pädagogischen Gründen maximal 15 Schüler. Die allgemeine Wissensvermittlung stellt nicht so hohe Anforderungen wie das heutige Gymnasium, es hat Realschulniveau. Es werden je nach Neigung jedoch Leistungskurse angeboten. Neben den Wissensfächern der Natur- und

Geisteswissenschaften einschließlich Philosophie werden auch praktische Fächer des Handwerks, der Lebensführung sowie der Soziallehre vermittelt.

Zur Überprüfung des Wissensstandes werden Klausuren geschrieben, diese von den Lehrern korrigiert und kommentiert, jedoch keine Noten erteilt, auch nicht zum Schuljahresende. Dem Schüler werden von den Lehrern jeweils halbjährlich und zum Jahresabschluss Bescheinigungen über den Lernstand in den einzelnen Fächern und Empfehlungen gegeben. Wenn es für den einzelnen Schüler von Nutzen ist, kann er die Kernfächer wie Mathematik, Deutsch und die Fremdsprachen, die ihm Lernprobleme bereiten, unstigmatisiert wiederholen. Es kann vorkommen, dass ein Schüler wegen Klassenwiederholung in einem Fach am Ende der Schulzeit den Wissensstand der 8.Klasse und in einem anderen Fach, wo er den Leistungskurs besucht, den Stand der 11. Klasse der Grundschule II erreicht hat.

Um dies vom Stundenplan her zu organisieren, müssen die 10 Schuljahre in 1x4+2x3-Stufen eingeteilt werden. In jeder Stufe zu 3 und einmal 4 Jahrgangsklassen werden stets zur selben Zeit die gleichen Kernfächer unterrichtet, so dass ein Wechsel in einzelnen Fächern zwischen verschiedenen Klas-

sen möglich ist. Z.B. wird in der mittleren Jahrgangsstufe (Kl.5-7) in jeder Klasse am Montagmor-
gen um 9 Uhr Mathematik unterrichtet und um 10
Uhr Englisch. So versäumen die Schüler nicht den
sonstigen Unterricht in ihrer Klasse, wenn sie in
Mathematik die untere Klasse oder einen Leistungskurs besuchen. Beim Wechsel von einer Stufe
in die nächsthöhere Stufe ist die Wiederholung jedoch nicht möglich. Es wäre nicht praktizierbar, für
die ganze Schulzeit die gleichen Unterrichtszeiten
einzuführen.

Auch die Lehrer werden in regelmäßigen
Abständen von den Schülern beurteilt und ihnen
Empfehlungen erteilt. Bei der Umsetzung der
Empfehlungen ist der Schülerrat beteiligt und
gegenüber dem Schülerplenum rechenschafts-
pflichtig.

Da die Schule eine Ganztagesschule mit Mittagspause und Verpflegung ist, werden Hausauf-
gaben nicht zusätzlich für zu Hause aufgegeben.
Die hausaufgabenähnliche Verarbeitung des Lern-
stoffes sowie eine intensive Hilfestellung in der
Form eines Nachhilfeunterrichts erfolgt unter Mithilfe von Pädagogen in der Schule. Zusätzlich werden in der Schule Sport- Spiel- und Hobbystunden
sowie genügend Zeit zur Entspannung angeboten.

Die Aufenthaltsdauer in der Schule muss dem Alter der Schüler angepasst sein. Kinder brauchen noch mehr die Eltern, beiden soll genügend Zeit gelassen werden, um ihre Freizeit gemeinsam zu verbringen. Für Jugendliche wird aufgrund ihres Ablösungsprozesses von der eigenen Familie und Umgebung die Peer-Gruppe immer wichtiger und das Freizeitangebot der Schule steht mehr im Vordergrund.

Als Unterrichtsmethoden werden auf hohem Niveau die verschiedenen Medien, Gruppenarbeit, Abhaltung von Referaten, aber auch Frontalunterricht, praktisches Lernen in Schulwerkstätten, Vorträge von außerschulischen Experten, Praktika in der Arbeitswelt usw. angewandt.

Schon in der Schule werden die Kinder und Jugendliche mit den Prinzipien der partizipativen Demokratie vertraut gemacht. Wie im Erwachsenenleben werden Schülerräte gebildet, in dem jeder Schüler durch jährliche Rotation beteiligt ist. In jeder Schule gibt es 2 Ebenen von Schülerräten: die Klassenebene (einschließlich den Leistungskursen) und der Gesamtschulrat, in den Schüler nach mindestens einmaliger Ratsmitgliedschaft auf Klassenebene durch Rotation delegiert werden.

Auf jeder Schülerratsebene darf jeder Schüler nur einmal in seiner Schullaufbahn und in den übergeordneten außerschulischen Räten auch nur einmal vertreten sein. Außerdem werden in regelmäßigen Abständen Vollversammlungen der Schüler durchgeführt, auf denen von den Schülern oder den Räten vorgeschlagene Themen diskutiert und Beschlüsse gefasst werden, die die Räte umsetzen müssen. Gegenüber den Vollversammlungen sind die Räte rechenschaftspflichtig. Wegen der Transparenz und Beteiligungsmöglichkeiten sollte keine Schule mehr als 500 Schüler haben.

Die Lehrer setzen die vom Nationalrat vorgegebenen Lerninhalte in die Unterrichtspraxis um, sie bestimmen „was" unterrichtet werden soll, die Schülerräte entscheiden über das „wie" mit, z.B. über die o.a. Unterrichtsmethoden.

Weiterhin sind die Schülerräte u.a. zu beteiligen an

- der Auswertung der Lehrerbeurteilungen und die Umsetzung daraus folgender gemeinsamer Lehrer-/Schülerbeschlüsse,

- den Anschaffungen von Schulinventar und Lehrmaterial,

- der Bestimmung der Unterrichtszeiten mit Schulbeginn, Pausen usw.

- den schulischen und außerschulischen Veranstaltungen,

- den Außenkontakten zu anderen Räten, Betrieben, gesellschaftliche Einrichtungen der Kultur, des Sports usw.,

- der Beteiligung in Konfliktfällen zwischen Schülern sowie Schülern und Lehrern,

- sämtlichen Fördermaßnahmen für die Schüler,

- der Beratung und Betreuung von Schülern, die Schulprobleme haben.

Die Schülerräte können wie die Erwachsenenräte für die Erledigung ihrer Aufgaben Ausschüsse bilden und Verantwortung delegieren. Die jeweiligen Räte sind gegenüber den betroffenen Schülern gesamtverantwortlich.

Über die einzelnen Schulen hinaus werden auf Stadt-, Regional- und Nationalebene Schülerräte eingerichtet, die für ihren jeweiligen Bereich die Arbeit der einzelnen Schulräte koordinieren und darauf achten, dass die konstruktiven Besonderheiten der Schulen nicht zu sehr divergieren und sich nicht negativ auf die Gesamtheit des Bildungswesens auswirken. Die höheren Schülerräte sind auch für Konfliktfälle, die sich auf der unteren Ebene nicht lösen lassen, zuständig.

Es muss natürlich darauf geachtet werden, dass die Schüler in den Schülerräten durch die dortige Arbeit nicht zu sehr belastet werden und sie nicht dadurch in Lernschwierigkeiten geraten. Die Besetzung der Schülerräte erfolgt analog zu den Räten im Konsumenten- und Produzentenbereich (s.u."Räte"). Zu ergänzen ist noch, dass die Pädagogen und alle Beschäftigte der Schule Betriebs- ggf. Abteilungsräte bilden. Diese Räte und die Schülerräte sollen in allen anstehenden Fragen eng zusammenarbeiten.

Nach 10 Jahren Grundschule I können sich die Schüler entscheiden, ob sie mit dem Erlernen eines Berufes beginnen oder für ein späteres wissenschaftliches Studium weitere 3 Jahre die Grundschule II besuchen möchten. In der Grundschule II erfolgt die Wissensvermittlung auf hohem Niveau, damit nach dem Schulabschluss ein wissenschaftliches Studium ergriffen werden kann.

Die Lehrer der Grundschule I und II haben eine wissenschaftliche Ausbildung an den Hochschulen sowie verschiedene Kurzpraktika in den Betrieben absolviert. Um den Kontakt zur Arbeitswelt in der Produktion und Dienstleistung nicht zu verlieren, müssen sie ebenso wie die Wissenschaftler jeweils nach 5 Jahren Lehrtätigkeit 1 Jahr in einem Betrieb ihrer Wahl mitarbeiten. Da die Wissenschaftler in den Beiräten eng mit der Praxis verbunden sind, gilt diese Regel für sie nicht.

Für das Rätesystem wird das Schulpersonal ebenso wie das der Hochschule als ein Betrieb mit ihren Abteilungs-, Betriebsräten, Branchenräten und Nationalrat angesehen (s.o.) Durch ihre Vertretung im Nationalrat können sie z.B. mit interessierten Eltern im Bildungsausschuss zusammenarbeiten und die Bildungsziele, Rahmenbedingungen und Lerninhalte festlegen. Die Rahmenbedingungen müssen mit den unteren Räten unter Hinzuziehung der jeweiligen Schülerräte abgestimmt werden.

Die 3-jährige duale Ausbildung in einem Beruf erfolgt viel breiter als heute. Der Auszubildende wird nicht zum Spezialisten ausgebildet sondern muss später in der Lage sein, sich in seinem Berufsfeld durch die Übernahme verschiedener Tätigkeiten im Betrieb einzubringen.

Die richtige Mischung zwischen Kopf- und Handarbeit ist zu beachten und die Übernahme von sozialer Verantwortung in den verschiedenen Räten ist weiterhin einzuüben. Es bestehen Ausbildungsräte, die in sie betreffenden Fragen wie die Erwachsenenräte das volle Entscheidungsrecht besitzen. Die Berufsausbildung umfasst die ganze Bandbreite des heutigen Berufslebens, von der Herstellung von Lebensmitteln, Möbeln, Maschinen, Verkehrsmitteln und Dienstleistungen wie Müllentsorgung und -beratung, Pflege, Freizeitbetreuung usw.

Das wissenschaftliche Studium führt zu einer wissenschaftlichen Tätigkeit, d.h. des Forschens, des Lehrens in der Schul- und Erwachsenenbildung und die Tätigkeit in den wissenschaftlichen Beiräten. Auch an den wissenschaftlichen Einrichtungen bestehen Studenten- und Lehrkrafträte mit entsprechenden Entscheidungsvollmachten. Die Wissenschaftler, die das 1-jährige Betriebspraktikum absolvieren, sind ratsmäßig weiterhin an ihrer Hochschuleinrichtung angebunden.

Ob Studium oder Ausbildung, es gilt die freie Berufswahl. Es muss der Ausgleich gefunden werden zwischen individuellen Berufswünschen und der für die Volkswirtschaft erforderliche Anzahl an Fachkräften in den jeweiligen Branchen. Es gibt Berufsarten, die beliebter sind als andere. Die Aufgabe der Branchenräte und des Nationalrates ist daher, die notwendigen Arbeitskräfte den Branchen zur Verfügung zu stellen, damit diese die ihnen von der Gesellschaft gestellten Aufgaben auch erfüllen können. Haben bestimmte Berufszweige Probleme genügenden Nachwuchs zu finden, so müssen sich die Räte damit befassen, die Attraktivität der jeweiligen Branche zu erhöhen und die Berufsaspiranten auch entsprechend zu beraten. Es gibt keinen Zwang, einen bestimmten Beruf zu ergreifen, kein Mehr oder Weniger an Konsumanteilen, es kann nur die Verantwortungsbereitschaft jedes einzelnen für die Gemeinschaft eingefordert werden.

Zu jeder Zeit kann jeder Bürger nach entsprechender Erwachsenenbildung zwischen dem Berufsleben und der wissenschaftlichen Betätigung wechseln.

Ebenso wird die freizeitmäßige Bildung, ob in einer Wissenschaftseinrichtung oder durch Fernstudium stark gefördert. Auch ein späterer Berufswechsel und eine weitere Berufsausbildung ist grundsätzlich möglich. Der Berufswechsler muss für sich die Initiative ergreifen und wenn im entsprechenden Ausbildungsbetrieb noch Kapazitäten frei sind, kann er eine zusätzliche Ausbildung absolvieren. Die individuellen Wünsche und die allgemeinen Gegebenheiten in der Ausbildungs- und

Arbeitswelt müssen jedoch vereinbar sein. Grundsätzlich wird die freiwillige Weiterbildung als eine Art der Freizeitbeschäftigung angesehen und kann daher nicht auf die Arbeitszeit angerechnet werden. Stimmt jedoch der Betriebsrat bzw. sein Personalausschuss einer Weiterbildung als betriebliche Maßnahme zu, wird natürlich die Weiterbildungszeit auf die Arbeitszeit angerechnet.

In der Inklusion von körperlich und geistig behinderten Schülern ist immer das Wohl des betreffenden Kindes vom Kinderarzt, den Pädagogen und weiteren wissenschaftlichen Fachkräften zu ermitteln. Wenn von dem behinderten Schüler der Wunsch nach Inklusion geäußert und dies von den untersuchenden Fachkräften als sinnvoll angesehen wird, so ist die Inklusion einschließlich der laufenden Betreuung durch Fachpersonal durchzuführen.

Für nicht-inklusionsbereite Schüler müssen entsprechende Lerneinrichtungen zur Verfügung gestellt werden. Ein Wechsel zwischen beiden Bereichen ist nach Beratung mit den Fachkräften jederzeit möglich.

Der Verkehr

In Verkehrsfragen muss voraussichtlich der größte Umstellungsprozess stattfinden. Das Auto ist heute nicht nur ein Mittel zur Fortbewegung sondern es bedeutet für viele Besitzer ein Statussymbol und oft ein Objekt der Selbstverwirklichung, es besitzt einen wahren Kultstatus. Wenn man nicht in einem Stau steckt oder in einen Unfall gerät, kann man mit einem Kfz bequem und schnell von einem Ort zum anderen fahren. Wer kein Auto besitzt, wird entweder als armer Mensch, der sich dies nicht leisten kann oder als weltfremder Spinner angesehen. In der entwickelten Welt sind wir heute eine Autogesellschaft und in der unterentwickelten Welt wird danach gestrebt, dieses Niveau zu erreichen. Eine weltweite Autogesellschaft bedeutet jedoch eine so starke Umweltverschmutzung und hoher Ressourcenverbrauch, dass die Erde und damit die Menschheit auf Dauer geschädigt wird.

In Verkehrsfragen müssen stets auch die getöteten und verletzten Unfallopfer und deren Kosten für die Volkswirtschaft berücksichtigt werden. Auch die durch die Schadstoffemissionen Erkrankten und Gestorbenen gehen zu Lasten der Kraftfahrzeuge.

Die Automobilindustrie ist mit all ihren dazuge-hörenden Nebenbranchen (Zulieferer, Raffinerien mit Tankstellen, Straßenbau, Versicherungen usw.) der wichtigste Wirtschaftssektor in der entwickelten Welt. Für Deutschland als starke Exportnation ist von Bedeutung, dass der Kraftfahrzeugbau den höchsten Anteil an den exportierten Gütern hat. Das Wohl und Wehe der entwickelten Volkswirt-schaften hängt vom Gedeih und Verderb der Auto- und der mit ihr verbundenen Industrie ab. Hier umzusteuern und die ganze Verkehrspolitik auf ein neues Gleis zu setzen ohne zu große ökonomische und politische Verwerfungen zu erzeugen, ist eine auf längere Dauer angelegte Herkulesaufgabe. Es erfordert großen politischen Mut und Durchset-zungskraft um das Ziel, eine autozentrierte Gesell-schaft durch einen umwelt- und menschengerechten Verkehr abzulösen, zu erreichen.

Auch der steuerfinanzierte verhältnismäßig günstige innerstaatliche Flugverkehr mit seinen hohen ökologischen Belastungen ist in der Zukunft nicht mehr zu vertreten.

Da die sich entwickelnden Länder noch einen großen Nachholbedarf an Verkehrsmitteln und -struktur haben und die Schwellenländer (z.B. China) bereits ein riesiger Absatzmarkt für unsere

Autos und Flugzeuge sind, sind wir in den hochentwickelten Länder am meisten gefordert, umzudenken und neue, umweltfreundliche Verkehrsstrukturen, die auch für die Schwellen- und Entwicklungsländer zukunftsfähig sind, bereitzustellen.

Ich gehe davon aus, dass unsere Lebenswelt in einer künftigen Gesellschaft sich wieder mehr an die unmittelbare Umgebung orientiert ohne jedoch den Kontakt zur Außenwelt zu verlieren. Die Verkehrsmittel spielen daher nicht mehr so eine große Rolle wie heute. Das Verkehrswesen sollte als Voraussetzung für Mobilität angesehen werden, um von Punkt A nach Punkt B zu gelangen; die heutige Autoverliebtheit bzw. die psychische Kfz-Abhängigkeit hat hier keinen Platz.

Um ein nahes Ziel zu erreichen, muss man nicht über ein Auto verfügen. Man kann ganz einfach zu Fuß gehen. Dies ist gesund und schadet nicht der Umwelt, höchstens wird bei häufigem oder sportlichen Gehen das Schuhwerk stärker abgenutzt.

Für jeden Bewohner einer Hausgemeinschaft steht als anteilsfreies Fortbewegungsmittel ein Fahrrad zur Verfügung. Kinder können schon altersgerechte Zwei-oder Dreiräder benutzen. Die

Fahrräder sind Allgemeinbesitz, müssen allerdings von allen gepflegt und notfalls instand gesetzt werden. Der Rat einer Hausgemeinschaft verwaltet den Bestand und entscheidet unter Beteiligung aller Hausbewohner über Neu- oder Ersatzanschaffung. Es können nach Wunsch der Bewohner normale Fahrräder, sportliche, Räder zum Lastentransport, Familien-, Elektroräder usw. vom Rat angeschafft werden. Die Bestellung erfolgt über den Ortschaftsrat, der auch deren Notwendigkeit überprüft. Verbucht wird die Lieferung über das jeder Hausgemeinschaft zustehende Investitionskonto.

In der Realität steht jedem Bewohner zu jeder Zeit ein Fahrrad zur Verfügung. Jeder Bewohner sollte sein gewünschtes Fahrrad benutzen können, in Einzelfällen, wenn es von einem weiteren Bewohner genutzt wird, muss er sich auch mit einem Fahrrad eines anderen Modells begnügen. Für einen Umkreis von 20 km um die Wohnadresse sollten als Verkehrsmittel nur Fahrräder genutzt werden. Unbenommen bleibt jedoch den Verkehrsteilnehmern, ihr Fahrrad auch für weitere Strecken zu benutzen. In jedem Ort oder Stadtteil gibt es ein Rad-Versorgungszentrum mit Reparaturwerkstätte.

Über den Umkreis von 20 km hinaus kann man über eine Leihzentrale ein Elektrofahrzeug für eine

Distanz über 20 km bis 100 km in Anspruch nehmen. Voraussetzung ist, dass der Zielort nicht durch die Bahn oder die Zieladresse zwar mit der Bahn, aber im Anschluss unzumutbar zu Fuß zu erreichen ist. Die Kraftfahrzeuge sind nicht in Privatbesitz, sondern Allgemeingut und werden vom Verkehrsausschuss des Ortschafts-/Stadtteilrates verwaltet. Dazu gehören auch Einrichtungen für Wartung und Reparatur der Kfz.

Da die Kraftfahrzeuge mehr dem Individualverkehr dienen und einen höheren Energieverbrauch haben, sollten sie nur von Menschen, die darauf angewiesen sind, benutzt werden, z.B. Familien mit Kleinkindern, älteren, behinderten Personen usw., aber auch alle Konsumenten, für die aufgrund größerer Besorgungen das Lastenfahrrad nicht ausreicht und sie auf ein Kfz mit genügendem Laderaum angewiesen sind. Die Technik kann sich jedoch bis dahin so weit entwickelt haben, dass statt Besorgungen mit dem Kfz die Verschickung der Güter per Rohrpost zu jedem Haushalt möglich ist.

Für die Kfz-Nutzung gilt allgemein, dass je nach Bedarf verschiedene Modelle zur Nutzung angeboten werden. Vor Nutzung des Kfz muss der Fahrer mit seiner Karte das Kfz freischalten und nach Beendigung der Fahrt werden die entsprechenden Anteile vom Konto des Bereichs Verkehr abgebucht. Die Kfz können vom Benutzer nur mit einer Geschwindigkeit bis zu 100 km/h gefahren werden, daher sind Unfälle gegenüber heute relativ selten.

Für Distanzen über 20 km sollten generell statt dem Kraftfahrzeug Bahnen, deren Streckennetz gegenüber heute weit besser ausgebaut ist, genutzt werden. Die Bahnen haben feste Fahrzeiten und die Verbindungen gelten für den Nah- ebenso wie für den Fernbereich in kontinentalen Ausmaßen. An Bahnhöfen können Kfz und Fahrräder für den näheren Umkreis ausgeliehen werden. Elektrobusse werden dort eingesetzt, wo der Schienenverkehr den Mobilitätsbedarf für den örtlichen und regionalen Bereich nicht abdeckt. Für eilige Personentransporte stehen Fahrdienste der lokalen Versorgungsbetriebe (Taxi) zur Verfügung, um auf Anforderung mit ihren Elektroautos die Fahrten durchzuführen. Der Großteil des Personenverkehrs erfolgt jedoch auf der Schiene.

Nur für interkontinentale Verbindungen können Schiffe und Flugzeuge, die Strecken über 1500 km bedienen, benutzt werden. Urlaubsfahrten auf sog. Kreuzfahrtschiffen gibt es wegen deren Dekadenz und Energieverschwendung nicht mehr (s.u."Tourismus").

Es wird in der Produktion von Fahrzeugen auf sichere, langlebige, energiesparsame und bequeme Verkehrsmittel Wert gelegt. Die Schnelligkeit ist zweitrangig. Da Verkehrsstraßen nicht mehr in diesem Umfang benötigt werden, wird ein großer Teil davon zurückgebaut.

Da die Produktionsbetriebe untereinander und über Verteilungszentren mit den Konsumeinheiten regional stark vernetzt sind, entfällt der Fernlastverkehr per LKW. Wenn überhaupt wird Ferngüterverkehr zu Lande über die Schiene und die Wasserstraßen zu Lande und im Meer durchgeführt. Der Güterverkehr mit dem LKW findet nur als Feinverteilung im jeweiligen Ort oder in der unmittelbaren Umgebung statt. Die LKWs sind wie die PKWs ebenfalls Elektrofahrzeuge und gehören entweder zu größeren Betrieben oder speziellen Speditionsbetrieben, die die Aufträge für kleinere Betriebe, aber auch für Konsumeinheiten ausführen.

Nur in dringenden Ausnahmefällen werden Güter per Flugzeug transportiert. Die Ausnahmeflüge müssen vom Verkehrsausschuss des Nationalrates genehmigt werden.

Für den Transport von Personen wie für Lasten werden mit Ausnahme der Nutzung von Fahrrädern der Hausgemeinschaft und den beruflichen und wöchentlich 2 Freifahrten Anteile berechnet. Bei der Festlegung der Anteilszahl für den Güterkorb wird von einer Durchschnittsbenutzung ausgegangen und diese immer wieder vom Nationalrat nach wissenschaftlichen Erkenntnissen angepasst. Für die Nutzung der Verkehrsmittel durch die gemeinschaftlichen Konsumeinheiten ist der Transport von Gütern in der Bestellung anteilsmäßig mit inbegriffen.

Das Gerichtswesen/der Sicherheitsdienst

In den demokratisch regierten Ländern sind alle vor dem Gesetz gleich. Dies ist zumindest der Anspruch. In der Wahrnehmung der Rechte jedoch können sich wohlhabende Bürger und Unternehmen einen guten Anwalt leisten, worauf sich ihre Chancen vor Gericht erhöhen. Zwar kann jeder eine Rechtsschutzversicherung abschließen, die jedoch Geld kostet. Trotz möglicher Rechtsschutzversicherung und Anwaltsvertretung überlegt sich so mancher unvermögender Bürger, ob er einen Rechtsstreit vor Gericht austragen soll, da dies immer auch mit Zeitaufwand, Überforderung durch die komplexe juristische Materie und dem ungewissen Ausgang des Gerichtsverfahrens mit möglichen hohen finanziellen Belastungen verbunden ist.

In der Strafjustiz ist bei der Beschäftigung mit dem Lebenslauf der Delinquenten die Entwicklung vom Kind zum Verbrecher gut zu verfolgen. Schwierige Familienverhältnisse bzw. Heimunterbringung mit seelischer Vernachlässigung, kleine Diebstähle, keine Ausbildungs- und Berufsperspektive, gesellschaftlicher Außenseiter, dafür kriminelles Umfeld mit häufigen JVA- Aufenthalten, gesteigerte Intensität der Delikte sind oft die Lebensab-

schnitte eines straffällig gewordenen. *Aus diesem Teufelskreis herauszukommen, ist ohne intensive fremde Hilfe, die die Hilfseinrichtungen aufgrund der zahlenmäßigen Überlastung nicht leisten können, kaum möglich. Neben den gesellschaftlichen Defiziten spielen die psychischen Verletzungen eine beträchtliche Rolle. Ist im sprichwörtlichen Sinne „das Kind erst mal in den Brunnen gefallen, so bestehen kaum Chancen, es wieder heil herauszuholen".*

Es ist zu erkennen, dass einkommensschwächere Bürger nicht im gleichen Maße das Recht in Anspruch nehmen können oder schon früh, da chancenlos mit der Justiz in Konflikt geraten. In diesem Sinne kann man unsere Justiz auch als „Klassenjustiz" bezeichnen.

Aber auch begüterte Personen begehen Straftaten, meist Betrugsfälle gegenüber anderen Personen, Unternehmen oder dem Staat (z.B. Steuerhinterziehung). Dies erfolgt oft aus Gier, Selbstüberschätzung, Geltungssucht usw. Um ein möglichst günstiges Urteil zu erreichen, stehen hier jedoch meist mehrere gute Anwälte dem Angeklagten zur Seite.

Die neue Gesellschaft zeichnet sich für alle Bürger durch einen gleichen Anteil an Konsummöglichkeiten, direkte Beteiligung am Gesellschaftsleben sowie einer humanen und ökologischen Arbeits- und Lebenswelt aus. Schon in der Erziehung in der Hausgemeinschaft und in den pädagogischen Einrichtungen wird großer Wert darauf gelegt, dass der respektvolle Umgang untereinander und die sorgfältige Behandlung der zur Verfügung stehenden Gütern erlernt wird.

Gelegentlich aufkommende und typische Eigenschaften aus bisherigen Gesellschaften wie Egoismus, Machtstreben, Eitelkeit, Intoleranz und Habgier werden von den Erziehern bekämpft. Dadurch finden viele Konflikte zwischen den Menschen von vorneherein nicht statt, aber ausgeschlossen sind sie nicht. Z.B. können Menschen mit ihren Anteilen nicht vernünftig umgehen, der Verschwendung erliegen und versuchen, sich Konsumgüter unrechtmäßig anzueignen. Oder es entstehen Beziehungskonflikte durch Antipathien, Eifersucht und andere menschliche Konfliktpotentiale wie schädliche sexuelle Neigungen usw.

Bei Auseinandersetzungen von geringer Intensität ist der jeweilige Rat, in dessen Bereich der Konflikt stattfindet, zuständig. Da der Rat der Hausgemeinschaft nur mit 2 Ratsmitgliedern besetzt ist, ist die 1.Instanz für juristische Verfahren der Ortschafts- oder Stadtteilrat. Bei Auseinandersetzungen zwischen Arbeitskollegen einer Abteilung ist der Abteilungsrat und zwischen Kollegen verschiedener Abteilungen der Betriebsrat zuständig.

Der jeweilige Ausschuss des Rates, der Rechtsausschuss, ist mit 3 Personen besetzt. Er hört sich die Darstellung der Konfliktparteien an, versucht die Fakten festzustellen, die Wahrheit zu ermitteln und trifft nach Beratung, ggf. unter Beistand des wissenschaftlichen Beirates die Entscheidung. Gegen diese Entscheidung kann bei Einspruch auf der nächst höheren Ebene die Angelegenheit nochmals verhandelt werden, in diesem Fall muss der wissenschaftliche Beirat beteiligt werden. Legt er ein Veto ein, so ist auf der nächst höheren Ebene die endgültige Entscheidung zu treffen. Die höchste juristische Ebene für alle Delikte und juristische Auseinandersetzungen ist der Rechtsausschuss des Nationalrates.

Handelt es sich um schwere Delikte mit Personenschaden, so ist als erste Instanz immer die nächst höhere Ratsebene zuständig. Wegen der Bedeutung der Personenschäden führt die Verhandlung stets ein Mitglied des wissenschaftlichen und zwar des juristischen Beirates, assistiert von 2 Mitgliedern des Rates, die Nichtjuristen sind. In der Entscheidungsfindung sind sie jedoch gleichberechtigt. Wie bei den anderen Delikten gibt es auch hier 2 höhere Entscheidungsebenen, jeweils mit Vorsitz des wissenschaftlichen Beiratsmitglieds.

Auf allen Ebenen müssen bei den Entscheidungen die von den Räten erlassenen Rahmenregelungen (Gesetze) beachtet werden. Im Zweifelsfall gilt immer die Regelung des höheren Rates. Staats- und Rechtsanwälte im heutigen Sinn gibt es nicht, jedoch sind alle juristischen Gremien mit einer ungeraden Anzahl von Mitgliedern besetzt. Die Mitglieder sind verpflichtet, nach besten Wissen und Gewissen sowie unter Einbeziehung aller Umstände des Falles eine Entscheidung zu treffen.

Da Justizvollzugsanstalten nicht mehr existieren, kann die Entscheidung in der Wiedergutmachung des Schadens, das Verlassen der Betriebs- bzw. Hausgemeinschaft, Zuteilung einer Aufsichtsperson, zusätzliche Arbeiten oder als härteste Sanktion die zeitweilige Einweisung in eine beaufsichtigte Betriebs- und Hausgemeinschaft bestehen. Innerhalb oder außerhalb dieser Einrichtung findet eine strenge Aufsicht statt. Durch psychologische Betreuung und therapeutische Maßnahmen wird auf die Resozialisierung des Delinquenten hingearbeitet. Die Bewohner der beaufsichtigten Haus- und Betriebsgemeinschaft behalten grundsätzlich ihr Kontigent an Konsumanteile. Sie können jedoch aufgrund des eingeschränkten Bewegungsspielraumes ihre Anteile nicht voll nutzen. Die nicht verbrauchten Anteile verfallen am Ende des Jahres.

Falls der Schaden festgestellt und der Schädiger ermittelt werden muss, wird der Sicherheitsdienst vom juristischen Ausschuss des zuständigen Rates eingeschaltet. Wenn zu ermittelnde Tatsachen dem Sicherheitsdienst zuerst bekannt werden, kann er auch von sich aus die Hintergründe aufdecken.

Der Sicherheitsdienst wird als Dienstleistungsbetrieb angesehen, dessen Mitglieder wie in anderen Betrieben auch in das Rätesystem eingebunden sind. Steht die Identität des Täters fest, wird der Rechtsausschuss des betreffenden Rates zur Entscheidungsfindung einberufen. Die Ermittlungsmethoden müssen strengen Regeln der Kriminalistik und der Humanität unterworfen sein.

Die der heutigen Polizei entsprechenden Aufgaben des Sicherheitsdienstes erstrecken sich auf alle Bereiche der Delinquenz. Zu den Aufgaben des Sicherheitsdienstes können auch vorbeugende Maßnahmen, wie die Beratung in Sicherheitsfragen, den Schutz bei Großveranstaltungen und von gefährdeten Personen sowie die Aufnahme von Verkehrsunfällen usw. gehören.

Einen Geheimdienst und Militär gibt es nicht.

Das Gesundheitswesen

Das heutige Gesundheitswesen ist durch die Zweiteilung des Versicherungsprinzips eine Zweiklassengesellschaft. Die einkommensstarke Bevölkerung und die Beamten können sich privat versichern und die meisten abhängig Beschäftigten sind mit ihren Familien über ihr Arbeitsverhältnis pflichtversichert. Im Service und in der Behandlung sind zwischen diesen beiden Klassen deutliche Unterschiede festzustellen. Die Privatpatienten haben geringere Wartezeiten in den Arztpraxen, größeren Komfort in Krankenhäusern und ihre Behandlung durch den Arzt ist intensiver.

Die Krankenhäuser sind beständig unterfinanziert. Da nach Fallpauschalen abgerechnet wird, steht ein Krankenhaus finanziell um so besser da, wenn es möglichst viele operative Eingriffe durchführen lässt. Anstatt bei Kranken zunächst alle adäquaten medizinischen Methoden anzuwenden, wird bei uns viel zu schnell operiert.

Die Pflegesituation kann man stellenweise als katastrophal bezeichnen, weil die Pflegestellen ständig unterbesetzt sind und eine enorme Arbeitsbelastung dem Pflegepersonal zugemutet wird. Nur für Privatpatienten ist die Pflegesituation um einiges besser.

Die geringen Finanzmittel haben ihren Grund in ihrer Erhebung. Eingefrorener Arbeitgeberanteil, die Beitragsbemessungsgrenze und die Privatversicherung der einkommensstarken Bevölkerungsteile trägt wesentlich zur Erodierung der finanziellen Basis der Pflichtkrankenkassen bei.

Auch in der künftigen Gesellschaft ist das wichtigste Gut für jeden Menschen seine Gesundheit. Und für die Gesellschaft ist die Gesundheit von großer Bedeutung, da sie einen maßgeblichen Beitrag zum Volkswohlergehen und Wohlstand leistet. Gesunde Ernährung, unbelastete Umwelt, ausreichender Freizeitsport, wenig Stress in Arbeit und Bildung und ein harmonischer und solidarischer Umgang untereinander tragen wesentlich zur Gesunderhaltung der Gesellschaft bei. Schon in der Erziehung der Kinder wird von den Erziehern auf ein gesundheitsbewusstes Verhalten geachtet. Hier wird der Grundstein dafür gelegt, dass es für die Erwachsenen selbstverständlich ist, eine gesunde Lebensweise zu führen.

Trotz aller Vorbeugungsmaßnahmen können Bürger erkranken oder einen Unfall erleiden. Sie müssen dann ärztliche Hilfe in Anspruch nehmen. In jedem Ort besteht ein ärztliches Gesundheitszentrum mit Allgemein- und Fachmedizinern sowie Pflegekräften, in dem die Patienten ambulant versorgt werden. In kleineren Orten ist das Gesundheitszentrum z.B. mit einem Allgemein-, einem Facharzt z.B. einem Zahnarzt und einer Pflegekraft besetzt.

Krankenhäuser mit höchstens 200 Betten und dem vollständigen Angebot an medizinisch-operativen Eingriffen, Behandlungen und Pflege gibt es in den größeren Orten und Stadtteilen. Hier werden die Patienten stationär behandelt. Wichtig ist die Nachsorge, wofür Fachpersonal der medizinischen Einrichtungen für die Versorgung zu Hause zur Verfügung steht.

Die Versorgung der Patienten mit Medikamenten erfolgt äußerst sparsam. Zunächst müssen durch eingehende Gespräche und Untersuchungen die Ursachen der Krankheit erforscht werden, um die anschließende Therapie, ob durch gymnastische Übungen, Verhaltensregeln, Physio- und Psychotherapie usw. möglichst medikamentenfrei durchzuführen.

Da die Pharmabetriebe nicht in Gewinnabsicht produzieren, wird auch kein Wert auf einen hohen Umsatz gelegt. Die Kosten für Forschung und Entwicklung von neuen Arzneien werden über die Betriebe indirekt durch die Gesellschaft getragen. Die Forscher haben wie alle anderen Gesellschaftsmitglieder ihre gleichen Einkommensanteile und der benötigte Bedarf an Materialien und Geräte liefern die Branchenbetriebe.

Das Zahlenverhältnis von Einwohner zu Ärzten und Pflegepersonal, aufgeteilt nach Allgemein-, Fachärzten und Pflegebereichen ob im Gesundheitszentrum oder im Krankenhaus legt der Nationalrat fest.

Die Inanspruchnahme von ärztlichen Dienstleistungen ist anteilsfrei, solange deren Notwendigkeit vom Arzt bescheinigt wird. Behandlungen darüber hinaus werden, wenn sie auf Initiative des Patienten wie z.B. in Form von Kuren, Gymnastikkursen, medizinischen Hilfsmitteln, besonderer Verpflegung usw. erfolgen, dem Patienten für seinen Gesundheitsbereich nach Anteilen berechnet.

Die Beschäftigten des Gesundheitsbetriebes sind wie alle anderen Beschäftigten in das Rätesystem eingebunden und ausgestattet mit der gleichen

Zahl von Güteranteilen. Ärzte mit Privatpraxen gibt es nicht.

Den Arzt- und Pflegeberuf studiert man an einer Hochschule. Neben dem wissenschaftlichen Studium sind verschiedene Praktika in ärztlichen Versorgungszentren und Krankenhäusern vorgesehen. In der medizinischen Ausbildung wird darauf geachtet, dass ein Arzt neben der ärztlichen Behandlungskunst auch das Pflegewesen erlernt, um nicht nur operieren sondern auch die Patienten danach pflegerisch betreuen zu können. Andrerseits wird das künftige Pflegepersonal soweit in die Behandlungsmethoden eingewiesen, dass sie dem Arzt verantwortungsvoll assistieren und für kleinere Operationen zuständig sein können.

Ältere Menschen wohnen bis zum Tode in ihrer Hausgemeinschaft. Dies gilt auch für Senioren, die körperlich oder geistig behindert sind. Kann die Versorgung nicht die Hausgemeinschaft leisten, so sind entsprechende Fachkräfte der Gesundheitszentren in Anspruch zu nehmen. In jeder Hausgemeinschaft sind die Wohnungen so zu gestalten, dass sie schnell und mit wenig Aufwand in pflege- und altersgerechte Wohnungen umgewandelt werden können.

Die Versorgung und Pflege unter Hinzuziehung von Fachkräften ist grundsätzlich von der Hausgemeinschaft zu leisten. Alters- und Pflegeheime im heutigen Sinne gibt es nicht. Bei Bedarf können jedoch von der Kommune für Schwerstpflegebedürftige stationäre Pflegeeinrichtungen errichtet werden, wo eine Rund-um-die-Uhr-Versorgung durch Pflegekräfte gewährleistet ist. Da im Alter ein anderer Konsumbedarf besteht, können bei dem jeweiligen Ortschaftsrat eine angepasste Bereichsverteilung der Anteile beantragt werden.

Das Wohnungswesen und die Infrastruktur

Die Wohnungsfrage ist, wie Engels schon festgestellt hat, eine Klassenfrage.

Heute müssen einkommensschwächere Bevölkerungsschichten besonders in Ballungsgebieten sich intensiv um adäquaten Wohnraum bemühen. Sie brauchen viel Geduld, denn die Wartelisten für Notfälle sind in den Wohnungsämtern sehr lang. Wenn die Wohnungssuchenden endlich eine Wohnung ergattert haben, sind dies oft Massenunterkünfte in großen Betonbunkern mit viel Anonymität. Desinteresse am Wohnobjekt und Konflikte zwischen den Bewohnern sind vorprogrammiert. Wenn noch viele Problemfamilien mit schwierigem Sozialverhalten konzentriert wohnen, ist so manche kriminelle Karriere der Jugendlichen vorgezeichnet. Gerade die französischen Banlieues in der Umgebung von Großstädten mit ihrem sozialen Sprengstoff sind warnende Beispiele, wie der Städtebau nicht funktioniert.

In den letzten Jahren wurden viel zu wenige Sozialwohnungen für einkommensschwache Mieter gebaut. Besonders in Ballungszentren wie Stuttgart wurde dies stark vernachlässigt.

Auch ist die Sozialbindung z.B. über 15 Jahre für dauerhaftes Wohnen viel zu kurz.

Mieter in Altbauten sind häufig Opfer von Spekulanten, die ganze Straßenzüge aufkaufen und sanieren, um sie danach an einkommensstarke Interessenten zu vermieten oder zu verkaufen. Langjährige Mieter werden unter Schikanen zum Auszug gedrängt, um die entsprechenden Wohnungen zum Umbau freizubekommen. So wird aus einer gemischten Bewohnerschaft in den Stadtkernen eine Einwohnerschaft auf gehobenem Einkommensniveau gebildet. Das Mietrecht ist zwar zu Gunsten des Mieters erweitert worden, der Vermieter sitzt jedoch immer noch am längeren Hebel. Schon Zille hat richtig erkannt: Du kannst jemand mit der Wohnung erschlagen wie mit einer Axt.

Wie anders lebt es sich in gehobenen Wohnvierteln. Viel Haus- und Wohnraum, aufgelockerte Bauweise mit viel Grün und guter Infrastruktur sorgen für ein Wohlfühlklima, das sich auf alle Bewohner überträgt und für die Sensibilität und das Engagement zur Erhaltung des Wohnviertels beiträgt.

Villen mit viel Wohnraum und exklusiver Ein-
richtung, riesige Gärten mit Swimmingpool und
sonstige Finessen machen auf den ersten Blick
deutlich, wie abgehoben von der großen Masse in
vermögenden Gesellschaftsschichten gelebt wird.

In der künftigen Gesellschaft erfolgt der Bau
von Häusern und Infrastrukturmaßnahmen nach
ökologischen und humanen Gesichtspunkten. Bei
der Erstellung von neuen Häusern sollte das Primat
der Hausgemeinschaft gepaart mit Individualität im
Vordergrund stehen.

Es werden auf der einen Seite nicht mehr Mas-
senquartiere in Form von Wohntürmen und Riesen-
wohnblocks und auf der anderen Seite keine flä-
chenverschwendende Privatvillen, sondern 2-
höchstens 3-stöckige Wohnhäuser, die sich u-för-
mig um einen Innenbereich gruppieren, errichtet.
Wenn das ganze Wohnanwesen für ca. 100 Bewohner vorgesehen ist, so entsprechend für jeden Hausteil 33-34 Personen.

Die Wohnungen sollten für Einpersonenhaushal-
te, Paare und Familien mit Kinder und mit einer
Fläche von 30-35 qm/Erwachsenen und 20 qm /
Kind geplant werden. So beträgt bei Einzelpersonen die Wohnfläche jedoch ca. 55 qm, bei Paaren

60-70 qm mit drei Zimmern, Küche, Bad/Dusche und WC, bei Familien mit 2 Kindern beträgt die entsprechende Fläche 100-110 qm.

Es gibt also Wohnungen verschiedener Größe. Es sollten genügend Wohnungen für jede Lebensphase der Bewohner bereitstehen. Ein junger Erwachsener braucht zunächst eine Einpersonenwohnung mit 1-2 Zimmern, Küche, Bad/WC, in der Paarphase Platz für 2 Personen und in der Familienphase Platz für 2 Erwachsene und 1 Zimmer/Kind. Wenn Bedarf besteht, können bei früherwachsenen Kindern schon eine weitere 1-Zimmerwohnung in Anspruch genommen werden. Sind die Kinder im Erwachsenenalter, so gründen sie ihren eigenen Haushalt entweder in der gleichen oder in einer anderen Hausgemeinschaft. Das Elternpaar ohne Kinder benötigt jetzt wiederum nur eine 2-Personenwohnung und nach dem Tod eines Partners eine 1-Personenwohnung. Jede Wohnung muss darauf ausgerichtet sein, dass sie schnell zu einer behinderten- und pflegegerechten Wohnung umfunktioniert werden kann.

Wenn nicht genügend Wohnungen vorhanden sind, kann das Wohnanwesen notfalls durch Zubau erweitert werden. Wegen des sozialen Miteinanders und der Übersichtlichkeit sollten in einer Wohnanlage jedoch nicht mehr als 120 Personen wohnen.

Natürlich finden auch Wohnwechsel statt. Es können Bewohner in andere Hausgemeinschaften um- oder andere Bürger zu der Hausgemeinschaft einziehen. Dem Einzug von neuen Bewohnern muss die Hausgemeinschaft mehrheitlich zustimmen.

Bei der Planung sollte großzügig verfahren werden. Es sollten stets ca. 2-4 möblierte Wohnungen für Notfälle und die Unterbringung von Gästen bereitstehen.

Neben den Wohnungen müssen in jedem Hausteil Keller- und Gemeinschaftsräume für Geselligkeit und Veranstaltungen, Sportbetätigungen mit entsprechenden Geräten, Kinderbetreuung sowie ein Jugendraum zur Verfügung stehen. Die Bewohner der Hausgemeinschaft entscheiden darüber, wie der Innenhof gestaltet wird, ob als Garten, Spiel- und Freizeitfläche. Weiterhin muss ein Abstellraum für die Fahrräder vorgesehen sein.

Von der Hausbewohnerversammlung wird u.a. festgelegt, wie hoch der Anteil der Arbeitsstunden jedes Bewohners für die Gemeinschaftsaufgaben (Pflege, Instandsetzung, Erweiterung, Kinderbetreuung, Freizeitgestaltung usw.) der Hausgemeinschaft ist, für deren Organisation und Durchführung der Rat verantwortlich ist. Die Arbeitsstunden im Rat der Hausgemeinschaft werden den Arbeitsstunden im Betrieb angerechnet.

Besonders in kleineren Orten können noch Häuser bestehen, die für Einzelfamilien vorgesehen sind. Deren Bestandsdauer kann berücksichtigt und die Einzelhäuser zu Hausgemeinschaften zusammengefasst werden. Vom Hausgemeinschafts- und Ortschafts- bzw. Stadtteilsrat wird darauf geachtet, dass die Wohnfläche / Person nicht zum unangemessenen Vorteil einzelner Familien missbraucht wird. Für den Bau neuer Häuser gilt jedoch ohne Ausnahme das neue Hausgemeinschaftsprinzip. In den Neubau können bisherige Erfahrungen und der neueste Stand an wissenschaftlichen Erkenntnissen einfließen.

Der Neu-, Aus- und Umbau sowie Instandhaltungsarbeiten werden von Baubetrieben durchgeführt. Die Baugenehmigung erfolgt nach Beschluss des Hausgemeinschaftsrates und nach Genehmigung durch den Ortschaftsrat, der der Hausgemeinschaft eine entsprechende Summe an Gemeinschaftsanteilen ihrem Gemeinschaftskonto zur Verfügung stellt.

Das beschriebene Hausgemeinschaftsmodell ist zunächst einmal für europäische Verhältnisse gedacht. Ist es auch in Afrika oder Asien anwendbar, wo heutzutage noch ganz andere Gegensätze in den Wohnverhältnissen bestehen, man denke nur an Slums, Viertel auf europäischem Niveau und Luxusvillen? Jede Nation muss natürlich seinen eigenen Weg zur Herstellung menschlicher Wohnverhältnisse finden. Slums sind per se inhuman und durch menschenwürdige Wohnsiedlungen, die jedoch auch dem Entwicklungsstand und der Kultur des jeweiligen Landes entsprechen, zu ersetzen. Nach allen bisherigen Erfahrungen wird die Bevölkerungsexplosion gestoppt, wenn der Lebensstandard und die Sicherheit der Lebensverhältnisse armer Bevölkerungsschichten angehoben wird. Bei einer Wohnungspolitik, die im Interesse breiter Bevölkerungsschichten agiert, können alle Menschen, wenn auch auf länderspezifisch unterschiedlichem Niveau, ein Obdach erhalten, für das ein Mindestmaß an Wohnkomfort gewährleistet ist.

Neben den Wohneinheiten gibt es in den Kommunen noch Gemeinschaftseinrichtungen wie Schulen, Vorschulen, Krankenhäuser, Versorgungszentren, professionell betriebene Sportstätten, Bäder und Kultureinrichtungen mit Theater, Musikhäuser, Museen, Versammlungsräumlichkeiten und Restaurants, Treffpunkte zum gemütlichen Beisammensein, örtliche Verkehrseinrichtungen, Energieversorger und Abfallbeseitigung. Sie sind eigenständige Betriebe, gehören jedoch in den Verantwortungsbereich des Ortschafts- bzw. Stadtrates, der Zuständigkeiten auch an die Stadtteilräte delegieren kann. Der Ortschafts- bzw. Stadtteilrat ist auch für alle Bereiche, die auf freiwilliger und ehrenamtlicher Basis stattfinden d.h. im privaten Bereich zuständig. Zusätzlich ist der kommunale Rat für die Gemeinde als ganzes verantwortlich. Er bestimmt die Gesamtplanung und die Gesamtinfrastruktur wie die Verkehrswege. Die Versorgungsbetriebe haben daher ihre Leistungen und Investitionsvorhaben mit dem Ortschafts- bzw. Stadtrat abzustimmen. Natürlich hat jede kommunale Einrichtung auch ihren eigenen Betriebsrat, der den Arbeitern bzw. Mitgliedern der Einrichtung gegenüber verpflichtet ist und eng mit dem Ortschafts- bzw. Stadtteilrat zusammenarbeitet. Obwohl organisatorisch der Kommune und somit dem Reproduktionsbereich zugeordnet, gehören besonders die Versorgungsbetriebe (Energie, Wasser), aber auch die Krankenhäuser und Kultureinrichtungen von ihrer Aufgabe her gesehen zum Produktionsbereich. Sie produzieren Trinkwasser und elektrische Energie und stellen mit ihren Diensten wie die Krankenpflege und künstlerischen Darbietungen in den Kulturhäusern produktive Leistungen dar. Über die Zuteilung im einzelnen muss der Nationalrat entscheiden. Stellt er fest, dass z.B. die genannten Bereiche zur Produktionssphäre gehören, so sind die Sitze in den Räten neu aufzuteilen und zwar zu Lasten des Reproduktions- und zu Gunsten des Produktionsbereichs. An der Summe des Gesamtsitze ändert sich jedoch nichts. Diese hängt nur von der Anzahl der mandatsfähigen Bürger der entsprechenden Jahrgangsstufen ab.

Der kommunale Rat führt für die Gemeinschaftseinrichtungen nach Planung und Genehmigung durch den Regionalrat die notwendigen Maßnahmen zur Instandhaltung, Erweiterung, Um- oder auch Rückbau durch. Dies letztere gilt besonders für Straßen, die nicht mehr in diesem Umfang als Autostraßen sondern eher als Fahrradwege genutzt werden. Ebenfalls in weit geringerem Umfang werden die Autobahnen für den Fernverkehr benötigt. Bekanntlich erfolgt der meiste Transport von Personen und Gütern durch den Schienenverkehr. Die ganze Verkehrsstruktur, ob Fuß- oder Radwege, ob Bus- Kfz- oder Schienenverkehr muss in einem Gesamtkonzept erarbeitet und nach breiter Diskussion in der Bevölkerung und in den zuständigen Räten von diesen beschlossen und umgesetzt werden.

Vom Ortschafts- bzw. Stadtrat wird auf eine gelockerte Bauweise geachtet, die die Wohnhäuser, Gemeinschaftseinrichtungen, Betriebe und Verkehrswege in einem bedarfsgerechten und ästhetischen Miteinander und ergänzt durch viel Natur wie Bäume, Parks und Freiflächen zusammenfügt. Für die Verkehrsinfrastruktur gilt das Prinzip der kurzen Wege und guten Erreichbarkeit aller Einrichtungen.

Der Sport

Kaum in einem anderen gesellschaftlichen Be-
reich werden der Sinn und Zweck von Einrichtun-
gen und Aktivitäten so missbraucht wie im Sport.
Besonders die Sportarten für Massenveranstaltun-
gen wie es etwa der heutige Fußball ist, ist auf-
grund seines hohen Kapitaleinsatzes zum „Big
Business" verkommen. Während die großen Verei-
ne mit ihren medienwirksamen Sportdarstellungen
zu Sportunternehmen mit hohen Verdienstmöglich-
keiten für die Sportler, Manager und Investoren
verkommen sind, kämpfen kleinere Vereine oft um
das finanzielle Überleben und hätten ohne die eh-
renamtliche Tätigkeit ihrer Mitglieder den Sportbe-
trieb einstellen müssen. Gerade die showhafte In-
szenierung des heutigen Profifußballs lässt Fuß-
ballmillionäre miteinander um Tore kämpfen, wäh-
rend der überwiegende Teil der Zuschauer zur Pas-
sivität neigt. Sie denken in ihrer Sportbegeisterung
nicht darüber nach, dass sie durch Eintrittsgelder,
Fernsehgebühren und Kauf von Fanartikel ihren
Beitrag für das „Goldene Kalb" des Sportbetriebes
leisten.

Dies gilt für den Fußball und in abgeschwächter Form für andere Sportarten, je nachdem wie öffentlichkeitswirksam sie sind, und wie viel Geld damit verdient werden kann.

Diese Art von Sport ist in der neuen Gesellschaft nicht mehr vorgesehen. Auch der Motorsport wird nicht mehr durchgeführt. Bei Sport mit Tieren wie Reiten wird von den Verantwortlichen penibel auf eine tiergerechte Behandlung und Nichtüberbeanspruchung der Pferde geachtet.

In der künftigen Gesellschaft wird auf die sportliche Betätigung aller Mitglieder der Gesellschaft durch die Räte und die wissenschaftlichen Beiräte geachtet. Besonders der Breitensport wird gefördert, dies dient der Gesundheit, dem sozialen Miteinander und der Freude an der Körperbewegung. Schon bei dem Kleinkind wird mit dem Babyschwimmen und der Kindergymnastik begonnen und bis in das hohe Alter u.a. mit Ballspielen und Altersgymnastik fortgesetzt.

Sportler, die aus Neigung und Freude zu der von ihnen betriebenen Sportart überragende und Höchstleistungen erbringen,werden entsprechende Betätigungsmöglichkeiten geboten. Professionelle Sportbetätigung gibt es jedoch nicht mehr, d.h.

auch die Ausnahmesportler sind wie die anderen Gesellschaftsmitglieder in einem Betrieb oder gesellschaftlichen Einrichtung arbeitsmäßig integriert, die sportliche Betätigung erfolgt in der Freizeit.

Beim Sport in der Gemeinschaft sollte jedoch nicht mehr so sehr der Wettbewerb um das beste Ergebnis sondern der kooperative Aspekt im Vordergrund stehen. Warum ist es nicht möglich, z.B. die Regeln für Tennis und Volleyball so zu ändern, dass nicht mehr die Erzielung von Punkten maßgebend ist, sondern die Leistung zwischen Spielern und Mannschaften darin besteht, einen möglichst langen Ballwechsel zu erreichen? Auch kann die Attraktivität und die Eleganz einer Sportart, wie es z.B. beim Bodenturnen oder im Eiskunstlauf heute schon zu bestaunen ist, demonstriert werden.

Der Wettkampfcharakter des heutigen Sports, der sich durch zu großen Ehrgeiz der Sportler und damit verbunden den illegalen Einsatz von Dopingmitteln und das Prestigedenken der Vereine und Staaten negativ auswirkt, sollte soweit eingeschränkt werden, dass das gemeinsame sportliche Erlebnis den Wettkampf beherrscht und nicht umgekehrt.

Die Demonstration von gemeinsam erreichten hohen sportlichen Leistungen kann für die Teilnehmer und Zuschauer genauso spannend sein wie der heute vorherrschende konkurrierende Sportwettbewerb.

Sport kann man einzeln z.B. an Fitnessgeräten, am besten jedoch in einer Gruppe betreiben. Hat sich eine Sportgruppe gebildet, so kann nach Registrierung durch den Ortschafts- bzw. Stadtteilrat die Sportgemeinschaft Sportgeräte und sonstige Sportartikel beantragen und nach Genehmigung sich liefern lassen.

Sportanlagen wie Schwimmbäder, Tennis- und Fußballplätze werden nach Bedarf vom kommunalen Rat genehmigt und bereitgestellt. Von ihm wird vor allem geprüft, ob genügend Anlagen auf Ortsebene wie Turnhalle, Stadion usw. zur Verfügung stehen. Wenn bei bestimmten Sportarten wie z.B. Schwimmen auf Ortsebene nicht genügend Beckenkapazität vorhanden ist, so kann einer Hausgemeinschaft bei entsprechendem Bedarf ein Swimmingpool genehmigt werden.

Es gibt immer wieder Orte, deren Bevölkerung sich überwiegend für eine bestimmte Sportart engagiert wie Hand- oder Fußball usw. Hier gilt es, genügend Kapazitäten an sportlicher Infrastruktur zur Verfügung zu stellen. Jedoch sollten auch die Sportarten der sportlichen Minderheiten berücksichtigt und mit dem nötigen Inventar versorgt werden.

Die Freizeit

Heute wird die Freizeit aufgrund der starken Arbeitsbelastung meist für die Entspannung genutzt. Dies ist nicht von vorneherein zu kritisieren, wenn nicht entsprechende Mittel und Methoden dafür verwendet werden. Fernsehen, Computerspiele, Alkoholgenuss, Shopping usw. dienen nicht der körperlichen und seelischen Entspannung sondern belasten sie zusätzlich. Dies führt zu einer Auszehrung der körperlichen und seelischen Kräfte, die wiederum durch Medikamentenmissbrauch zusätzlich belastet werden. So entsteht ein Teufelskreis von beruflicher und freizeitmässiger Überbelastung, die zur allgemeinen Erschöpfung und zu psychosomatischen Krankheiten führt.

In der künftigen Gesellschaft werden ebenso wie der Sport die Freizeitaktivitäten gefördert. Freizeit dient der Entspannung und somit der Gesundheit. Nicht das Ergebnis der Freizeitaktivitäten ist maßgebend sondern das leistungsfreie Tun. In der Freizeit kann man basteln, sammeln, musizieren, malen, fotografieren, Gespräche führen, aber auch nur relaxen und nichts tun. Besonders sollten jedoch der Umgang in der eigenen Familie, d.h. die gemeinsame spielerische Beschäftigung mit den Kindern, das gesellige Treffen mit Verwandten, Freunden, Nachbarn, im Orts- oder Stadtteilrahmen lokale Feste feiern usw. im Vordergrund stehen.

In der Freizeitbeschäftigung kann aus Neigung und eigenem Anspruch ein höheres Niveau angestrebt und erreicht werden. So können Maler und Fotografen ihre Werke ausstellen, Musikgruppen oder Solo-Musiker auf Veranstaltungen musizieren, Sammler sich zum Austausch treffen usw. Einzelpersonen und auch Freizeitgruppen können wie beim Sport sich als Gemeinschaft beim Ortschaftsrat registrieren lassen und Anträge auf Bereitstellung notwendiger Materialien, Geräte usw. stellen.

Die Freizeit sollte einen Ausgleich zur Arbeit darstellen. Auch wenn auf eine humane Arbeitswelt möglichst ohne Stress von den Betriebsräten geachtet wird, ist jedoch das Ziel der Arbeit, qualitativ hochwertige und eine genügende Anzahl an Güter der Gemeinschaft zur Verfügung zu stellen. Um dies zu erreichen, ist die Leistungserbringung notwendig. Im Gegensatz dazu sollen Freizeitaktivitäten nach Lust und Laune sowie entspannend und ohne Leistungsverpflichtung betrieben werden können.

Der Tourismus

Der Tourismus von heute ist größtenteils ein Massengeschäft. Pauschalflüge in Urlaubsparadiese, komfortable Unterbringung möglichst mit all-inclusive-Verpflegung und Animation sollen die Touristen verwöhnen und ihnen einen Ausgleich zum heimischen Stressalltag bieten. Das Gastgeberland lernen sie evtl. nur durch Sightseeingtours kennen. Dies hat für das jeweilige Urlaubsland natürlich den Vorteil, dass oft in strukturschwachen Gebieten für die einheimische Bevölkerung Arbeitsplätze zur Verfügung gestellt werden und die unterschiedlichen Kulturen des Gastlandes und die der Gäste nebeneinander existieren können ohne sich gegenseitig zu beeinträchtigen. Andrerseits führt dies zu einer reinen Konsumhaltung bei den Touristen ohne jegliche Erweiterung des eigenen Bildungs- und Erfahrungshorizontes.

Auch in einer künftigen Gesellschaft wird der Tourismus als eine besondere Form der Freizeitbetätigung angesehen. Der Tourist lernt durch das Bereisen anderer Länder deren Menschen, Kulturen, Sprachen, Landschaften und Sehenswürdigkeiten kennen und erweitert dadurch seinen geistigen und Erfahrungshorizont. Da die Nationen sich vom Entwicklungsstand annähern, ist es auch Bewohnern bisher unterentwickelter Länder möglich, andere Länder zu besuchen. Der Tourismus soll nicht wie zu kapitalistischen Zeiten eine Einbahnstraße sein. Zwar gleichen sich die politischen und ökonomischen Systeme der Nationen an, deren jeweilige kulturelle Eigenheiten werden jedoch bewahrt, gepflegt und weiterentwickelt. Einerseits Bewahrung andrerseits soll ein reger Austausch an kultureller Kenntnis und Praxis zwischen den Völkern stattfinden. Dies erfolgt für die Allgemeinheit u.a. durch den Tourismus. Es können kleinere Hotelanlagen weiterbestehen und den Reisenden zur Verfügung stehen.

In künftigen Gesellschaften wird mehr Wert auf die Begegnung der Menschen gelegt und zwar nicht zwischen finanziell gut ausgestatteten Reisenden und armer Dienerschaft sondern z.B. durch Bereitstellung von 2-3 Gästewohnungen durch die Hausgemeinschaft. Die Besucher werden von der Hausgemeinschaft versorgt und betreut und am Ort gibt es touristische Angebote wie Besichtigungen, sportliche Aktivitäten und kulturelle Programme. Hier lernen die Touristen viel intensiver das Leben in einem fremden Land kennen als die All-inclusive-Versorgung und Unterhaltungsangebote in einer großen Hotelanlage. Die Aufnahme von Gästen hängt natürlich in starkem Maße von der Attraktivität der Landschaft bzw. des Orts oder der Region ab. Dafür kommt selbstverständlich nicht jeder Ort in gleichem Maße in Frage. Die Begleichung der Leistungen erfolgt bei der Nutzung der Hausgemeinschaft an diese, bei Auslandsreisen durch die Verrechnung über die Weltwährung. Die Vergütungseinnahmen werden verwendet für die den Touristen erbrachten Leistungen wie Verpflegung, Sauber- und Instandhaltung der Räume.

Die Inklusion von Behinderten

Die Behinderten sind in der heutigen Leistungs-gesellschaft nicht voll einsetzbar. Es muss Rück-sicht auf sie genommen und ihnen adäquate Ar-beitsplätze zur Verfügung gestellt werden. Daher erfüllen die meisten Betriebe nicht das Soll an Be-schäftigung von Behinderten sondern zahlen dafür lieber einen finanziellen Ausgleich. Zwar wird bei Bauten und in Verkehrsmitteln immer stärker auf die Benutzung durch Behinderte geachtet, durch-gängig für alle öffentlichen und auch privaten Be-reiche ist dies noch nicht erfüllt.

Die Arbeits- und Lebenswelt der neuen Gesell-schaft ist gekennzeichnet durch ein hohes Maß an Humanität. Besonders die Behinderten, die nur ein-geschränkt am gesellschaftlichen Leben teilnehmen können, werden besonders gefördert und integriert sowie rücksichtsvoll und hilfsbereit mit ihnen um-gegangen.

Die Behinderten haben den selben Anspruch auf die Anteilsumme wie die Nichtbehinderten, nur sind hier andere Schwerpunkte möglich, z.B. stär-kere Berücksichtigung des Gesundheitsbereichs zu Lasten anderer Bereiche. Die Einteilung wird nach

Beantragung vom örtlichen Rat individuell geregelt.

Bei der Errichtung von Wohnanlagen muss eine behindertengerechte Ausstattung der Wohnungen, der Gemeinschaftsräume und des Umfelds beachtet werden. Wohnräume müssen so ausgestattet sein, dass sie schnell und ohne großen Aufwand für Schwerstbehinderte umgestaltet werden können.

Die Verkehrsinfrastruktur muss z.B. rollstuhlfahrergerecht ausgebaut sein, die Verkehrsmittel müssen so ausgestattet sein, dass sie Behinderte bequem befördern können.

Die Arbeitswelt ist so weit humanisiert, dass sie Behinderte ohne Probleme integrieren können, wenn notwendig müssen spezielle Arbeitsplätze eingerichtet werden. Da die Leistung der Belegschaft in der Erfüllung des übernommenen Planziels besteht, kann durch die Aufgabenverteilung die Behinderung stets angemessen berücksichtigt werden. Im allgemeinen sind keine besonderen Abteilungen für Behinderte vorgesehen sondern sie sind in die jeweiligen Fachabteilungen integriert. Wenn jedoch Bedarf besteht und dies auch der Wunsch der Behinderten ist, so können entsprechende Abteilungen für sie eingerichtet werden.

Natürlich können die Behindertenabteilungen einen Abteilungsrat bilden. Auch in der Arbeitswelt haben die Behinderten Anspruch auf Betreuung durch entsprechende Fachkräfte.

Es gibt in der Regel keine sondern nur bei Bedarf gesonderte Pflegeheime. Auch Schwerbehinderte bleiben in der ihnen vertrauten Umgebung und werden von der Hausgemeinschaft im notwendigen Umfang versorgt. Je nach Behinderungsgrad werden Fachkräfte der Gesundheitszentren hinzugezogen, wenn notwendig auch rund um die Uhr. Dazu ist ein Ausbau der Pflegedienstleistungen weit über die heutige Pflegeversorgung hinaus notwendig. Ob ein Behinderter arbeiten kann oder nicht, wird nach seiner Anhörung bzw. die seiner Betreuungsperson von den Ärzten und speziell den Fachärzten unter Hinzuziehung des wissenschaftlichen Beirates entschieden.

Behinderte sollen in die Gesellschaft voll integriert sein. Behinderte im Alter von 25-60 Jahren, die arbeiten, werden wie die anderen Gesellschaftsmitglieder in die Räte delegiert. Schwerstbehinderte, die nicht arbeiten können, werden besonders von den behinderten Ratsmitgliedern vertreten. Wenn Behinderte jedoch feststellen, dass zu wenig auf ihre speziellen Belange eingegangen wird, so

sind bei den Räten Behindertenbeauftragte zu er-
nennen, die in engem Kontakt zu den Behinderten
ihre Wünsche und Bedürfnisse bei den Beratungen
und Entscheidungen der Räte einbringen. Auch die
Umsetzung der Entscheidungen sollte auf behindertengerechte Ausführung überprüft werden. Zusätzlich wären die Behindertenbeauftragten für die alltäglichen Probleme und Sorgen ihres Klientels zuständig.

Die Kinder und Jugendlichen

Nicht nur in unterentwickelten Ländern sondern auch bei uns herrscht Kinderarmut. In Deutschland lebten nach einem Bericht des deutschen Kinderschutzbundes 2015 2,5 Millionen Kinder in Armut, das sind fast 20% der Personen unter 18 Jahren (Deutscher Kinderschutzbund 2016, Kinderarmut).

Zwar ist die Zahl der Arbeitslosen in den letzten 5 Jahren gesunken. Es wurden jedoch nicht Vollzeitarbeitsstellen geschaffen sondern vor allem niedrig entlohnte Arbeitsplätze in prekären Beschäftigungsverhältnissen. Leiharbeit, Werkverträge, befristete Beschäftigungen sowie in Teilzeit drücken auf das Einkommen, so dass die Familien oft nur durch Aufstocken mit Alg II-Leistungen über die Runden kommen (working poor).

Aber auch die Jugendlichen bei uns sind nach einem Bericht der europäischen Union von einer Jugendarbeitslosigkeit der 15-25 jährigen von 7,1% aller Gleichaltrigen betroffen (Europäische Union 2015, Jugendarbeitslosigkeit). Lt. einer aktuellen DGB-Umfrage arbeiten 46,4% der unter 25-jährigen in a-typischen Arbeitsverhältnissen. Befristete Arbeitsverhältnisse kommen bei jüngeren

Beschäftigten dreimal so häufig vor wie im Durchschnitt. Besonders Absolventen von Hochschulen finden den Weg in das Berufsleben oft nur über un- oder schlecht bezahlte Praktika. Vor einigen Jahren nannte man diese jungen Erwachsene noch „Generation Praktikum" (Spiegel online 2016, DGB -Umfrage).

Die Kinder aus einkommensschwachen Familien haben schlechtere Bildungschancen, sind in ihrer geistigen und körperlichen Entwicklung eingeschränkt und von der sozialen Teilhabe zum großen Teil ausgeschlossen. Die Mitgliedschaft und aktive Teilnahme etwa in Sportvereinen kostet Geld und wird durch Zuschüsse nicht entsprechend ausgeglichen. Außerdem ist die Antragstellung auf Zuschüsse beim Job-Center bzw. bei der Gemeinde stigmatisierend.

Jugendliche, die z.B. aufgrund schlechter Schulzeugnisse nicht den Weg über eine Ausbildung in das Berufsleben finden, verlieren ihren Anschluss an die Arbeitswelt, resignieren oder fallen aus Wut über ihre Chancenlosigkeit negativ auf, bzw. werden kriminell.

Aber auch die jungen Erwachsenen, die eine Ausbildung absolviert haben, werden oft vom Aus-

bildungsbetrieb nicht übernommen und müssen sich um einen Arbeitsplatz bewerben. Viele Arbeitsverhältnisse sind jedoch zunächst befristet (s.o.), sie werden erst nach einer längeren Testphase in ein festes Arbeitsverhältnis übernommen. Anpassung und Konkurrenzkampf um die wenigen sicheren Arbeitsplätze stehen für die Jugendlichen im Vordergrund. Es ist zwar sehr bedauerlich aber durchaus verständlich, wenn Jugendliche aufgrund der großen Unsicherheit, die sie mit dem Eintritt ins Erwachsenenalter begleitet, sich so wenig politisch engagieren.

Vor allem die Parteien leiden unter Nachwuchsmangel. Hier sind die Parteien, die Regierungsverantwortung tragen, besonders gefordert, die Situation der Jugendlichen durch gesetzliche Maßnahmen zu verbessern. Es geschieht jedoch zu wenig und oft zu spät.

In einer künftigen Gesellschaft gibt es keine Kinderarmut. Alle Kinder haben wie die Eltern den Anspruch auf ihre altersgemäße Anteile, um ihre Bedürfnisse zu befriedigen. Jugendliche ab dem 16.Lebensjahr erhalten den vollen Satz an Anteilen.

Jugendliche haben Anspruch auf einen Ausbildungs- bzw. Studienplatz und nach Abschluss auf einen Arbeitsplatz. Um die Zukunft müssen sie sich keine Sorgen machen. Fallen Jugendliche durch ihr Verhalten auf, kümmern sich Fachkräfte sehr früh um sie und lassen sie nicht mit ihren Problemen alleine. Keiner wird aus der Gemeinschaft ausgestoßen. Im Kapitel „Bildungswesen" habe ich die Kinder- und Jugenderziehung eingehender behandelt.

Die Rentner

In der heutigen Gesellschaft wird bei den Rentnern durch das Hochsetzen des Renteneintrittsalters, die Herabsetzung des Rentenniveaus und besonders nach einem unsteten und mit Brüchen versehenen Arbeitsleben die Rentenhöhe ständig vermindert. Rentner sind daher oft gezwungen, einer Beschäftigung nachzugehen, um den starken Einkommensverlust etwas zu vermindern. Dies ist jedoch nur möglich, solange die Gesundheit es erlaubt. Früheres oft gesundheitsbedingtes Ausscheiden aus dem Arbeitsleben wird mit Abschlägen bestraft. In einigen Jahren droht deshalb massive Altersarmut. Die durch sogenannte Rentenreformen veranlasste private Vorsorge kann die Rentenverluste nicht ausgleichen. Vielen Rentnern und vor allem Rentnerinnen droht, da sie während ihres Arbeitslebens oft genug Teilzeitbeschäftigte und Geringverdiener waren, nur der Bezug der Grundsicherung im Alter, im Grunde eine Sozialhilfe, bei der alle sonstigen Einkünfte, auch die private Altersvorsorge angerechnet werden. Ebenso ist die ungleiche Rentenhöhe von Beamten und privat Beschäftigten bei gleicher Lebensleistung nicht nachvollziehbar.

Im Pflegefall wird bei Niedrigrentenbeziehern für die Unterbringung und Heimkosten die ganze Rente eingesetzt. Wenn diese nicht ausreicht, muss zusätzlich Sozialhilfe beansprucht werden. Notfalls werden die Einkommen der Kinder mit herangezogen.

In der neuen Gesellschaft ist ab dem 60. Lebensjahr niemand mehr verpflichtet zu arbeiten. Die Rentner haben Anspruch auf die gleiche Anteilsumme wie die Arbeitenden. Auf Antrag können die Konsumbereiche jedoch anders gewichtet werden.

Freiwillig können die Rentner in den Betrieben weiter arbeiten oder innerhalb der Hausgemeinschaft bestimmte Aufgaben wie Kinderbetreuung, Reparaturarbeiten usw. übernehmen. Durch die freiwilligen Arbeiten haben sie jedoch keinen Anspruch auf einen höheren Anteilsatz an Konsumgütern.

Es besteht auch keine Verpflichtung zur Übernahme eines Mandats in einem Rat. Daneben können auf freiwilliger Basis Rentnerräte, die sich speziell um die Belange der Rentner kümmern, eingerichtet werden. Um in die Entscheidungsprozesse der Räte integriert zu werden, müssen sie sich auf der dazugehörigen Ratsebene von den

Räten registrieren lassen. Sie haben bei den ordentlichen Räten Anhörungs- und vom Nationalrat zu Rentnerangelegenheiten festgelegte einmalige Veto- aber keine Entscheidungsrechte.

Die Rentner verbleiben bis zu ihrem Tod in der Hausgemeinschaft und werden, wenn erforderlich von den Mitbewohnern gepflegt. Vom Hausgemeinschaftsrat sind dann die entsprechenden Hilfen in Form von Personal und Materialien bei den Gesundheitszentren anzufordern. Außerdem ist im Pflegefall die Wohnung entsprechend den Pflegeerfordernissen umzurüsten. Vom Hausgemeinschaftsrat werden speziell für Rentner Kultur- und Freizeitprogramme angeboten, dies auch mit der Unterstützung des Pflegedienstes des medizinischen Zentrums. Von den Ortschafts- bzw. Stadtteilräten werden den Rentnern Treffpunkte zum geselligen Beisammensein und für verschiedene Unternehmungen zur Verfügung gestellt und mit der notwendigen Ausstattung versorgt.

Die Aufwendungen für die Beerdigung werden vom Ortschafts-/Stadtteilrat durch die Bereitstellung des Sarges, die Arbeitsleistung der Friedhofsarbeiter, Blumenschmuck, pachtfreies Grab usw. getragen. Die anschließende Beerdigungsfeier der

Angehörigen müssen diese über den Konsumbereich „sonstige Aufwendungen" selber tragen.

Zuguterletzt die Frage der Vererbung: Die Menschen besitzen als Privateigentum nur die Gegenstände, die sie in ihrer Wohnung haben. Die angeschafften Möbel, Haushaltsgegenstände, Kleider usw. können im Prinzip vererbt werden. Da jedoch alle Haushalte mit diesen Gegenständen gut ausgestattet sind, verbleibt oft nur die Übernahme der noch benutzbaren Güter in die Secondhandlager der Kommunen und deren anteilsmäßig anzurechnende Bereitstellung als Güter aus 2. Hand und deshalb günstiger für die Konsumenten. Die nicht mehr benutzbaren Güter werden recycled. Die Nachkommen nehmen in der Regel als Erinnerungsstücke an den Verstorbenen nur seine ganz persönlichen Dinge wie Fotos, Filme, selbst erschaffene Kunstobjekte oder Schriftstücke usw. an sich.

Die Medien

In der heutigen Gesellschaft werden die Medien als „4. Gewalt" bezeichnet. Ob als Druckerzeugnisse oder als Telemedien, sie beeinflussen die öffentliche Meinung. Wenn noch berücksichtigt wird, dass es eine starke Konzentration von Presseerzeugnissen in Verbindung mit den privaten Telemedien gibt, wird der Manipulation der öffentlichen Meinung Tür und Tor geöffnet. Ob die Verlegerfamilien Springer, Mohn (Bertelsmann), Burda, Du Mont usw. heißen, sie üben über die von ihnen angestellten Verlagsmanager ihrer Medienerzeugnisse eine ungeheure Beeinflussungsmacht aus. Politisch sind die beherrschenden Presseorgane auf das TINA- (Thatcher: There is no alternative) Prinzip festgelegt. Daran ändern auch nicht die gelegentlichen kritischen Berichte und Kommentare zu problematischen und skandalösen Ereignissen etwas, denn die Lösungsansätze für die gesellschaftlichen Problemfälle sollen stets im Rahmen der herrschenden Gesellschaftsordnung erfolgen.

Durch Frauen-, Freizeit- und Lifestylezeitschriften wird den Leserinnen und Lesern eine Scheinwelt der Prominenten, gutes Leben und aktive Frei-

zeit vorgegaukelt, das von den wirklichen gesell-schaftlichen Problemen ob Soziales, Umwelt oder Unterentwicklung ablenkt. Die mächtigen Medien-häuser bestimmen in Deutschland, was gelesen, ge-sehen, worüber geredet und der öffentliche Main-stream sich hinentwickelt. Dies geht soweit, dass Verlagshäuser durch großzügige Angebote an Schulen und Hochschulen Einfluss auf Lerninhalte zu nehmen versuchen, um somit die Schüler und Studenten beeinflussen zu können. Der frühere Kanzler Schröder hat einmal sinngemäß festge-stellt: Ob Bild, BamS oder Glotze, mehr brauche ich nicht zum Regieren.

Alternative Blätter wie TAZ oder andere linke Zeitschriften haben zwar ihren kleinen Leserkreis, sind aber bei schwindender Leserschaft immer von der Aufgabe ihres Pressebetriebs bedroht. Sie ha-ben nicht den Zugang zu dem großen Inserenten-markt, der für die bürgerlichen Medienorgane ein unerschöpfliches Finanzreservoir bedeutet. Der größte Teil der Druck- und Vertriebskosten wird durch die Einnahmen aus dem Anzeigegeschäft be-stritten und nicht durch den Verkauf der Presseor-gane an die Leserschaft. Durch die ökonomische Abhängigkeit von den Inserenten müssen die Ver-lagshäuser stets auch deren Interessen berücksich-

tigen. Jedoch besteht in grundsätzlichen gesell-
schaftlichen Fragen kein Gegensatz zwischen den
Herausgebern der Medienorgane und ihren Inse-
ratskunden.

Durch das Internet wird allmählich eine Gegen-
öffentlichkeit aufgebaut, indem die Internetbenut-
zer alternative Informationskanäle nutzen, sich
über verschiedene Internetdienste selbst einbringen
und an Diskussionen sich beteiligen können.

Allerdings hat die Internetnutzung auch ihre
Kehrseite, da der Meinungsaustausch oft auf quali-
tativ niedrigem und im Stil abstoßenden Niveau
verläuft. Durch die rasante Verbreitung von Nach-
richten und Meinungen können über das Internet
schnell Halb- oder Unwahrheiten verbreitet und
eine entsprechende Stimmung erzeugt werden, ge-
gen die seriöse und sich um Objektivität bemühen-
de Medienorgane kaum ankommen können.

Bei breiten Bevölkerungsschichten besteht heute
schon ein zum Teil berechtigtes tiefes Misstrauen
gegen die auflagenstarke Presseorgane („Lügen-
presse"). Es wird mehr bestimmten Internetmedien,
die das eigene Weltbild bestätigen, geglaubt. Über
die schnelle Verbreitung von Internetpropaganda
können in kurzer Zeit Massen an Menschen für Ak-

tionen mobilisiert und dadurch zur politischen Kraft werden.

In einer künftigen Gesellschaft spielen die Medien ebenfalls eine herausgehobene Rolle. Sie dienen der Information, dem Informationsaustausch und der Teilnahme an der öffentlichen Meinungsbildung. Aufgrund des technologischen Fortschritts wird das gedruckte Wort nur noch in geringer Zahl durch Bücher und Zeitschriften vertrieben.

Die weit verbreiteste Quelle wird wie heute das Internet oder dessen Weiterentwicklung sein. Diese Medien werden einen viel höheren Beitrag zur Information über Geschehnisse innerhalb und außerhalb der Nation und zur Teilhabe der Nutzer leisten als heute.

Jede höhere Ratssitzung (auf der unteren Ratsebene können sich durch die Plenen die Mitglieder direkt beteiligen) wird durch Internet oder Rundfunk / Fernsehen übertragen. Es wird technisch so organisiert, dass auch Beiträge von außerhalb in die Ratssitzungen übernommen werden können. Nur die Abstimmung ist den Ratsmitgliedern vorbehalten. Die Ratssitzungen sollen so gelegt sein, dass die betroffenen Bürger sich daran beteiligen können. Dies nimmt zwar mehr Zeit in Anspruch aber im Sinne der direkten Demokratie ist die externe Teilnahme unerlässlich. Wegen der zeitlichen Begrenzung und um die Sitzungen nicht ins Uferlose geraten zu lassen, müssen jedoch bestimmte Regeln wie Voranmeldung oder Beschränkung der externen Teilnehmerzahl eingeführt werden.

Die Medien dienen nicht nur der Information sondern auch der Freizeitgestaltung durch Filme, Live-Übertragungen z.B. von Sportereignissen, Mitmachprogrammen usw.

Bei den Mitmachprogrammen kann der Zuschauer sich direkt einklinken und entweder direkt teilnehmen oder Einfluss auf die Handlungen vornehmen. Auch sind Interaktionen wie Internetkonferenzen, Spielaktivitäten wie Schach usw. leicht durchführbar.

Jedoch sollten diese Aktivitäten mithilfe von Medien nicht das persönliche Gespräch und die gemeinsame Freizeitgestaltung ersetzen. Es gehört zum Menschsein, dass die persönliche Begegnung mit anderen, das Händeschütteln oder der Wangenkuss zur Begrüßung, sich in die Augen schauen, auf die Schultern klopfen, das „sich riechen", das Gefühl der Sym- und Antipathie niemals durch Technik ersetzt werden kann.

Die Herstellung von Medienerzeugnissen erfolgt auch hier in gesellschaftlichem Eigentum und in Betrieben, die in das Räte- und Planungssystem eingebunden sind. Die Anteile, die vom Konsumenten für die Inanspruchnahme der Medien entrichtet werden, werden über den Freizeitbereich abgerechnet.

Die Religion

Das Mittelalter mit seiner Konzentration auf das religiöse Leben ist für den Großteil der heutigen Menschen vorbei, aber die geistige Macht der Religion und ihr Einfluss auf gesellschaftliche Belange ist teilweise noch ungebrochen. Dazu trägt auch das ungeheure Vermögen, das über die Jahrhunderte von den Kirchen angehäuft wurde, maßgeblich bei. Dies und zusätzlich die Erhebung der Kirchensteuer z.B. in Deutschland verschafft den Kirchen die ökonomische Basis, ganze Heerscharen von Priestern zu unterhalten und zugegebenermaßen auch durch ihre karitativen Einrichtungen in die Öffentlichkeit hineinzuwirken. Im allgemeinen erfolgt dieses soziale Engagement aber durch Kofinanzierung mit Hilfe des Staates, was jedoch meist vornehm verschwiegen wird.

Die Zentralisation z.B. der katholischen und orthodoxen Kirche mit ihrem Papsttum bzw. Patriarchat findet keine Entsprechung in anderen Religionen. Die Verquickung der Kirche mit den Mächtigen der Welt versucht der jetzige Papst Franziskus immer wieder zugunsten des Engagements für die arme und unterdrückte Mehrheit der Menschen aufzubrechen, doch die Institution der Kirche hat sich über Jahrhunderte gebildet und geformt und ist nicht in einer Generation so zu verändern, dass sich ihre Fixiertheit von den oberen auf die unteren Gesellschaftsschichten umorientiert.

Die Religionsausübung in einer künftigen Gesellschaft ist frei. Es können Gemeinschaften von religiösen Menschen gebildet werden, die sich als Religionsgemeinschaft registrieren lassen können und dadurch vom zuständigen Rat benötigte Hilfsmittel zur Verfügung gestellt bekommen. Da die überwältigende Mehrheit ein materialistisches Weltbild hat, haben sich die heutigen Kirchen mangels Mitglieder aufgelöst. Die kirchlichen Bauwerke stehen jedoch aufgrund ihres kulturellen Erbes unter Denkmalschutz, für die der Ortschafts- bzw. Stadtrat zuständig ist und von diesem auch instandgehalten wird. Eine mächtige hierarchische Kirche mit gut ausgestatteten Finanzmitteln wie heute gibt es nicht mehr. Dafür haben sich örtlich selbständige Glaubensgemeinschaften, die sich intensiv mit religiösen Fragen befassen, gebildet.

Auch an den Universitäten gehören theologische Themen zu bestimmten Studieninhalten z.B. der philosophischen Fakultät. Jedoch werden keine Theologen mehr für die Übernahme von Pfarrstellen ausgebildet.

Die heutigen sozialen Einrichtungen der Kirchen ebenso wie Klöster werden von gesellschaftlichen Versorgungszentren und entsprechenden Dienstleistungsbetrieben übernommen. Die Religionsausübung gehört zum Freizeitbereich und kann nicht als Arbeitszeit angesehen und verrechnet werden.

Die Parteien und Verbände

Parteien haben sich im Laufe des 19.Jahrhunderts gebildet, als die bürgerliche Gesellschaft sich auch politisch immer stärker gegenüber dem Adel durchsetzte. Im Laufe der Zeit entstanden linke (sozialdemokratische bis kommunistische), liberale, konservative, religiös orientierte bis hin zu rassistisch / faschistischen Parteien, deren Grundstrukturen bis heute bestehen, ergänzt durch ökologisch orientierte Parteien wie den Grünen. Die heutigen Parteien müssen demokratisch verfasst sein und auf dem Boden der Verfassung stehen. Die Parteien, die in den Parlamenten vertreten sind, haben gegenüber den kleinen außerparlamentarischen Parteien den maßgebenden politischen Einfluss, besonders, wenn deren Vertreter die Regierung bilden.

Da die Parteien weltanschaulich von links bis rechts orientiert sind, ist die Verbundenheit mit bestimmten Bevölkerungsschichten und deren Organisationen vorgegeben. Linke Parteien sind stark mit der Arbeiterbewegung und den Gewerkschaften, liberale Parteien mit den Selbständigen und deren Standesorganisationen, die religiös-konservativen Parteien mit den Kirchen, der Wirtschaft und deren Verbände verbunden. Dies ist nur eine Grobzeichnung. In der Zwischenzeit hat sich die Orientierung der Parteien auf ihre Klientel und umgekehrt stark gelockert und es bestehen z.B. auch genügend Verbindungen der Sozialdemokratie zum bürgerlichen und der religiös orientierten Parteien zum Gewerkschaftsbereich.

Aus den Parteien wird der politische Nachwuchs gebildet. Die meisten Politiker haben über ihre Partei die politische Karriere („Ochsentour") verfolgt. Um auf den Stufen der Karriereleiter nach oben zu klettern, erfordert dies von den künftig politisch Handelnden ein hohes Maß an politischem Geschick, Redekunst und Anpassungsfähigkeit, aber auch großes Engagement und Fleiß. So mancher ideelle Ansatz eines Jungpolitikers bleibt dabei auf der Strecke. Auf diesem politischen Lebensweg und dann besonders im Parlament wird der Druck der Interessenvertreter auf die Politiker immens. Leider wird im politischen Geschäft bei Sachfragen weniger nach objektiven Gesichtspunkten entschieden sondern sich den Wünschen des mächtigsten Akteurs gebeugt. Um sich die Unterstützung für die Wiederwahl zu sichern, muss der politisch Handelnde die Interessen seiner Parteiführung, des Klientels und das Ansehen in der

Wählerschaft berücksichtigen und auf einen Nenner bringen.

Die wahlpolitische Orientierung in Deutschland zielt auf die sogenannte Mitte. Außer der Linken, die ein mehr oder weniger antikapitalistisches Profil hat, drängen die anderen im Parlament vertretenen Parteien ideologisch zur gesellschaftlichen Mitte und sprechen vor allem die sogenannte Mittelschicht an: des gut ausgebildeten, mit höherem Einkommen versehenen Wohlstandsbürgers. Dessen vorgeblichen Interessen wollen diese Parteien nach ihren Aussagen am besten vertreten: Erhaltung und Ausbau seines Wohlstands, innere, äußere und soziale Sicherheit, garniert mit ein bisschen Ökologie und ein bisschen sozialen Ausgleich gegenüber den wirtschaftlich Schwachen im In- und Ausland.

Die auf die Mitte fixierten Wahlprogramme werden immer ähnlicher und stoßen vor allem die Unterschicht, die sich ausgeschlossen fühlt, ab. Daher nimmt die Wahlbeteiligung in Wahlbezirken mit hohem Anteil an Arbeitslosen, Geringverdienern und prekär Beschäftigten ständig ab.

Die Wählerwerbung erfolgt in aller Öffentlichkeit, jedoch ist hinter den Kulissen für die Öffent-

lichkeit nicht sichtbar der Einfluss der Wirtschafts-mächtigen und ihrer Lobby um so größer. Neben dem Einfluss durch die Lobby wird durch die Spendenpraxis vor allem der Großspender versucht, die Parteien und hier wiederum die Regierungspartei-en im Sinne ihrer Spender zu beeinflussen. Dass juristische Personen wie Unternehmen spenden können, ist unverständlich. Es findet zuvor keine Abstimmung im Spenderunternehmen statt, welche Partei mit einer Spende unterstützt wird; die Unterstützung erfolgt an diejenigen Parteien, von denen die Unternehmer oder die Wirtschaftsverbände die für sie vorteilhafteste Politik erwarten können.

Parteien, die sich für Alternativen zur kapitalistischen Gesellschaft einsetzen, haben aufgrund der Hegemonie der kapitalkonformen Parteien und der finanziellen und medialen Macht ihrer Unterstützer keine Chance, Einfluss auf die Politik zu gewinnen. Entweder sie passen sich den Gegebenheiten in unserer Gesellschaft an oder sie bleiben ohne jeglichen Einfluss. Die parlamentarische Demokratie erstarrt aus den genannten Gründen zur formalen Demokratie und kann den gewaltigen Aufgaben der Zukunft wie z.B. der Ökologie und dem entwicklungspolitischen Nord-Süd-Ausgleich nicht mehr gerecht werden.

In der künftigen Gesellschaft können sich auf allen gesellschaftlichen Ebenen Zusammenschlüsse in politischen Fragen bilden. Menschen mit gleicher oder ähnlicher Einstellung zu Themen wie mehr oder weniger Regeln, Effizienz der Verwaltungsarbeit, Beschließung von Plänen oder dem Grad an Außenhandelsabhängigkeit usw. können sich zusammenschließen und versuchen ihre Meinung in den Räten und in der Gesellschaft zu verbreiten und durchzusetzen.

Sie können dazu Parteien bilden. Voraussetzung für die Bildung von Parteien ist jedoch, dass sie auf der Grundlage eines humanen, sozialen und ökologischen Gesellschaftsverständnisses agieren und keine Bestrebungen haben, aus Eigeninteresse eine rückwärtsgewandte Politik, die nur wenigen Menschen nutzt oder der Ökologie schadet, zu betreiben. Mit einer gesellschaftsfeindlichen Politik der Parteien befassen sich die juristischen Ausschüsse der jeweiligen Räte. Die Räte können Entscheidungen treffen, die bis zur Auflösung der entsprechenden Parteien reichen.

Diese künftigen Parteien unterscheiden sich grundsätzlich von den heutigen Parteien: Zwar können sie auch einen gesamtgesellschaftlichen Ansatz verfolgen, die maßgeblich politische Beteiligung des einzelnen Bürgers erfolgt über die Räte durch Rotation und nicht durch Wahl eines Parteienvertreters in das Parlament. Oft sind die Parteien Zusammenschlüsse zu bestimmten Fragen und nicht zur generellen Politik(1-Punkte-Parteien). Nach Erreichung der Ziele lösen sie sich nicht selten auf.

Zu anderen gesellschaftlichen Fragen wie dem angestrebten Ziel können die jeweiligen Parteimitglieder ganz unterschiedlicher Auffassung sein. Das links/rechts-Schema funktioniert nicht mehr, eher eine mehr konservative oder mehr fortschrittlichere Auffassung zur Gesellschaftspolitik, die sich in der Einstellung der einzelnen Bürger ausdrückt und sich quer zu allen Parteien stellt. Sie sind daher eher als eine Bündelung gleicher Meinungen zu bestimmten Themenkomplexen anzusehen. Die künftigen Parteien sind nicht starr in der Parteidisziplin und hierarchisch strukturiert, können keinen Machtanspruch erheben, sondern sind mehr ein Forum der Diskussionen und somit auch der Meinungsbeeinflussung. Die einzelnen Parteimitglieder sind an die Parteibeschlüsse nicht gebunden, es erfolgt ein häufiger Parteienwechsel.

In den Räten können sich Zusammenschlüsse der Ratsmitglieder anlog zu den Parteien bilden, ein wie heute üblicher Fraktionszwang ist absolut tabu.

Ebenfalls wie religiöse und Freizeitvereine können Parteien nach der Registrierung bei dem zuständigen Rat die Bereitstellung von notwendigen Hilfsmitteln beantragen.

Verbände wie die heute mächtigen Arbeitgeberverbände, Branchen-, Sport- und Automobilverbände, Gewerkschaften usw. bestehen nicht mehr, da durch die Aufhebung des Privateigentums an Produktionsmitteln der Gegensatz zwischen Kapital und Arbeit sowie die lobbymäßige Vertretung von Einzelinteressen durch die partizipative Demokratie nicht mehr gegeben ist.

Der Kulturbereich

*Zum Kulturbereich zähle ich die Musikschaffen-
den, die Schauspieler des Theaters und der Film-
branche, die bildenden Künstler, die Literaten und
die Kabarettisten, die sich beruflich mit ihrem Me-
tier befassen. Gesellschaftlich ist die Verbreitung
vor allem von Filmen von immenser Bedeutung für
die Bewusstseinsbildung, aber auch für die Manipulation breiter Bevölkerungsschichten. So hat
Hollywood jahrzehntelang unser idealisiertes Ame-
rikabild geprägt bis kritischere Kinostreifen dies
in Frage stellten. Und schließlich kann man durch
das Sponsern von bestimmten Musikstilen einen
immensen Einfluss auf die Jugend ausüben.*

*Die Kulturschaffenden und ihr professionelles
Umfeld wie Agenten, Drucker, Veranstaltungsma-
nager, Verlage usw. stehen unter dem ständigen
Druck, das Produkt, das sie erarbeitet haben, auch
verkaufen zu müssen; d.h., es muss ein Publikum
angesprochen werden, das sich für die Kulturwerke
interessiert. Schließlich wollen sie alle ein gutes bis
hohes Einkommen erzielen. Und hier gibt es große
Unterschiede, angefangen von den Stars in der
Musikszene, weltbekannten Schauspielern und be-
rühmten Literaten mit hohen Gagen, angehimmelt*

von einem breiten Publikum, das ihren „Lieblingen" ein fast schon sagenhaftes Leben und Wohlergehen andichtet. Die Stars müssen jedoch ihrer Rolle gerecht werden und sich entsprechend vermarkten lassen. Fallen sie erst einmal aus dieser Rolle heraus, so gelten sie als verbrannt und ein Comeback ist kaum noch möglich. Übrig bleibt dann oft ein gebrochener Mensch, der an seinem Dasein ohne Anerkennung verzweifelt.

Neben den Berühmtheiten der Kulturszene gibt es noch die große Masse an Künstler, die in ihrem Künstlerleben niemals den Durchbruch nach ganz oben schaffen, sondern sich mit geringerem Ansehen und Einkommen begnügen müssen.

Für die Kapitalgeber und Kulturmanager ist es jedoch das wichtigste, wie verkauft sich der Künstler und sein Produkt und wie hoch ist die Rendite des eingesetzten Kapitals. In diesem Sinne ist der Kulturbereich trotz seiner Glitzerwelt und staatlicher Zuschüsse genauso ein Wirtschaftsbereich wie jede andere Branche auch, eher noch mit einem höheren Leistungs- und Auslesedruck als in der übrigen Berufswelt.

In der künftigen Gesellschaft haben die Künstler die gleichen Anteile am Konsumangebot wie alle anderen Mitglieder der Gesellschaft. Einerseits sind sie ökonomisch abgesichert, andrerseits sind astronomische Gagen wie in unserer Zeit nicht mehr möglich. Natürlich wird es in der neuen Gesellschaft Künstler geben, deren Werk beliebter als das anderer ist und die deshalb eine größere Anerkennung erfahren.

Von den Räten und besonders den Kulturausschüssen ist aber für einen entsprechenden Ausgleich zu sorgen, so dass Künstler, die eher im Schatten stehen, auch genügend Möglichkeiten erhalten, ihre künstlerische Schaffenskraft unter Beweis zu stellen.

Die Theater, die Filmstudios, die Häuser für Musikschaffende, für bildende Künstler und der Kleinkunstbühne werden als Kulturbetriebe erfasst, die wie andere ihren Betriebsrat haben und über die Reproduktionsseite in das Rätesystem integriert sind. Die Betriebe werden als Gemeinschaftskonsumenten angesehen, die die notwendigen Betriebsmittel bei dem Ortschaftsrat beantragen müssen und nach Genehmigung durch den Regionalrat gestellt bekommen.

Ansonsten besteht absolute künstlerische Freiheit ohne Vermarktungszwang.

Natürlich hat auch wie heute die Freiheit ihre Grenzen, wo die persönlichen Bereiche anderer Personen verletzt werden. Hier hat der Nationalrat durch Gesetze und Regeln für den nötigen Persönlichkeitsschutz zu sorgen.

Die Künstler können sich in bestimmten Bildungsstätten ausbilden lassen und danach ihrer Beschäftigung nachgehen. Die Herstellung von Kunst hat schon eine andere Bedeutung wie die Produktion von Gebrauchsartikeln. In seinem Kunstwerk stellt sich der Künstler, ob allein oder mit anderen mit seinen intellektuellen Fähigkeiten und all seinen Emotionen dar. Es kann als die höchste Form der Selbstverwirklichung angesehen werden. Daher sollte auch Laienkünstlern, die arbeitsmäßig in die Güter- und Dienstleistungsherstellung integriert sind, die Möglichkeit gegeben werden, sich in ihrer Freizeit künstlerisch zu betätigen. Trotz einer auf einem hohen Niveau humanisierten Arbeitswelt bestehen in der Güterproduktion bestimmte Leistungszwänge, denen sich kein Beschäftigter entziehen kann. Laien - und Berufskünstler arbeiten, wo immer möglich, eng zusammen und dienen durch ihr künstlerisches Schaffen der kulturellen Bildung und somit dem Allgemeinwohl.

Die möglichen Problemfelder im Reproduktionsbereich

Obwohl die künftige Gesellschaft eine humane Ordnung hat, kann immer noch das Denken und Handeln aus früheren Gesellschaften nicht ganz überwunden sein. Die schlechten menschlichen Eigenschaften, die heute das menschliche Miteinander erschweren, müssen in einem andauernden Erziehungsprozess minimiert und schließlich beseitigt werden.

Gier, Habsucht, Neid, Hass, Verschwendungs- und Geltungssucht sind Eigenschaften, die nicht mehr in die neue Zeit passen. Wo sie auftauchen, muss jedes Gesellschafts- und besonders jedes Ratsmitglied zügig reagieren und in Gesprächen und wenn notwendig mit psychologischer Hilfestellung auf das Verschwinden dieser psychisch ungesunden Verhaltensweisen dringen. Jedem Gesellschaftsmitglied, der Verhaltensauffälligkeiten zeigt, ist klarzumachen, wie viele persönliche Vorteile er durch positive und Nachteile durch negative Beiträge erreicht.

Aber auch eine andere Form des abnormen Verhaltens kann sich bemerkbar machen. So mancher Bürger hat die Tendenz sich aus Gemeinschaften zurückzuziehen, keine Bereitschaft zur Übernahme von gesellschaftlicher Verantwortung, Nichtbeteiligung an gesellschaftlichen Diskussionen usw. zu zeigen. Obwohl die Partizipation schon von Kindesbeinen eingeübt wird und die Teilnahme daran zur Selbstverständlichkeit geworden ist, so können sich einzelne Mitglieder dem Engagement verweigern und sich zurückziehen. Auch diese Mitbürger sind davon zu überzeugen, dass der große Fortschritt der Partizipation weitreichende Rechte auf den einzelnen überträgt, die andrerseits aber zur Annahme und Beteiligung verpflichten. Jedoch wird von der Gemeinschaft ebenso darauf geachtet, dass jeder seinen Rückzugsraum braucht, um abzuschalten, sich zu entspannen und neue Energie für die gesellschaftlichen Aufgaben aufzutanken.

In der künftigen Gesellschaftsordnung kommt Konkurrenz unter Individuen, da alle an dem gleichen Ziel, einer humanen Gesellschaft arbeiten, kaum noch vor. Jedoch, was für die Betriebe gilt, kann ebenso für die Hausgemeinschaften bzw. Orte gelten. Es kann sich so ein starker Gemeinschaftsgeist entwickeln, der in seiner negativen Auswirkung jede andere Hausgemeinschaft übertreffen will. Wir sind die schönste Wohnanlage, sind am aktivsten, pflegen den höchst entwickelten Gemeinschaftssinn usw. Diesem Gemeinschaftsegoismus ist rechtzeitig von den Räten vorzubeugen und den Beteiligten klarzumachen, erst wenn es allen Gemeinschaften gut geht und ihr Eigenleben von den anderen geachtet wird, geht es auch allen Mitgliedern gut.

V Die künftige Gesellschaft in Einzelansicht

Die Biographie von Jochen M.

Jochen M. wohnt mit seiner Ehefrau und 3 Kindern in der Hausgemeinschaft „Che Guevara" in Holzgerlingen in Baden-Württemberg. Er ist 42 Jahre alt, von Beruf Verwaltungsfachmann und arbeitet im Versorgungszentrum Böblingen-Ost. Seine Ehefrau Martha ist von Beruf Lehrerin und in der Grundschule I in Holzgerlingen beschäftigt. 2 ihrer 3 Kinder Dieter, 13 Jahre und Elenore 11 Jahre alt sind Schüler in der gleichen Schule, während Maximilian, 5 Jahre das Kinderzentrum Süd in Holzgerlingen besucht. Die 5-köpfige Familie bewohnt eine 120 qm große Wohnung mit 5 Zimmern, Küche, Bad, WC und einem Kellerraum. In der Wohnanlage „Che Guevara" wohnen 21 Familien, 9 Paare und 14 Einzelpersonen, zusammen 105 Personen. Die Wohnanlage verfügt über einen gemeinsamen Garten mit Gemüse- und Blumenbeeten, einer Freizeitfläche für 2 Tischtennisplatten und 1 Volleyballplatz sowie einen Gemeinschaftsraum für Feste und kleine Veranstaltungen mit Kochgelegenheit, eine Fahrradgarage, einen Handwerks- und einen Fitnessraum.

In der Hausgemeinschaft verwaltet ein 2-köpfiger Rat die Gemeinschaftsangelegenheiten. Zusätzlich finden monatlich Vollversammlungen der Bewohner statt, auf denen alle wichtigen Beschlüsse gefasst werden. Neben dem Rat werden auch rotierende Verantwortliche für die einzelnen Gemeinschaftsbereiche, die diesen in seiner Arbeit unterstützen, benannt.

Geboren und aufgewachsen ist Jochen in Sindelfingen in der dortigen „Martin-Luther-King"-Hausgemeinschaft. Seine Eltern waren im Fahrzeugwerk Sindelfingen, der Vater als Modellentwickler und die Mutter in der Verwaltung beschäftigt, inzwischen sind sie seit dem 60.Lebensjahr in Rente. Als Kleinkind wurde Jochen zunächst von den Eltern und der Hausgemeinschaft zusammen mit anderen Kindern betreut.

Ab dem 3. Lebensjahr besuchte er die nächstgelegene Kindereinrichtung Nord in Sindelfingen-Maichingen. Die Kinder wurden in 10er-Gruppen zusammengefasst. Ihnen wurde in der Frühphase vom pädagogischen Personal ihre nächste Umgebung vertraut gemacht. Dazu gehörten Ausflüge in den nahe gelegenen Wald, den Wiesen, Bäche usw., später kamen Besichtigungen von Kultureinrichtungen, Sportanlagen, Schulen, Versorgungs- und Verkehrszentren hinzu. In der Kindereinrichtung wurden durch Spiele schon früh die vielfältigen Freizeitmöglichkeiten und der respektvolle und solidarische Umgang untereinander erlernt.

Ab dem 5. Lebensjahr wurde mit den Erziehern gemeinsam beraten, welche Aktivitäten man durchführt, welche Hilfsmittel angeschafft werden, wie das gemeinsame Lernen organisiert und wie Streitigkeiten geschlichtet werden und was zu einem guten Umgang untereinander beiträgt. Als Lernstoffe wurden schrittweise und spielerisch im Jahr vor der Einschulung Lesen und Schreiben gelernt und eingeübt.

Die Betreuungszeiten der Kinderzentren waren im ersten Jahr nur vormittags und wurden in den nächsten beiden Jahren um jeweils 1 Stunde verlängert. Für die Nachmittagskinder gab es mittags eine warme Mahlzeit, ansonsten für zwischendurch Getränke und kleine appetitliche aber gesunde Zwischenmahlzeiten.

Mit dem 6.Lebensjahr wurde Jochen eingeschult. 10 Jahre besuchte er die Grundschule I in Maichingen. Unterrichtet wurden die klassischen Fächer wie Mathematik, Deutsch mit Literatur, Englisch und eine weitere Fremdsprache nach

Wunsch (Jochen hat sich für Spanisch entschieden), Geschichte, Philosophie, Physik, Chemie, Biologie, Umwelt, bildende Kunst, Musik und Sport. Hinzu kamen lebenspraktische Fächer wie Konsum-, Lebens- und Partizipationskunde. In der Konsumkunde wird den Schülern beigebracht, wie sie das Konsumangebot für sich am besten nutzen und welchen Einfluss sie auf das Konsumangebot haben können. In der Lebenskunde geht es insbesondere darum, das individuelle Glück im Sinne von Partnerschaft, Familie, Verwandten, Freunde, Nachbarn und gesundem Leben zu gewinnen und sich zu erhalten. Wichtig ist auch hier ein sinnvoller Umgang mit der freien Zeit. In der Partizipationskunde wird gelernt, sich nutzbringend in die Gemeinschaft einzubringen und Verantwortung zu übernehmen. Es wird vermittelt, einerseits kreativ Vorschläge zu machen, andrerseits diszipliniert und zielorientiert mit den anderen an der Lösung gemeinsamer Aufgaben zu arbeiten und diese auch umzusetzen. So kann man das erlernte bereits in den Schülerräten anwenden.

Im Lernen bildeten sich bei Jochen schon recht früh Schwerpunkte. Während Mathematik und die Naturwissenschaften nicht seine Stärken waren, belegte er in Deutsch und Geschichte die entsprechenden Leistungskurse. In Mathematik wiederholte Jochen auf Anraten des Lehrers ein Jahr, was jedoch keinen Einfluss auf die anderen Fächer hatte. In Sport beteiligte er sich besonders in der Arbeitsgemeinschaft für Volleyball und Tennis, in Volleyball nahm er auch an den Mannschaftsspielen zwischen den Schulen teil. In der 4. Schulklasse war er im Klassenrat und in der 7. im Schulrat vertreten.

Hier übernahm er einmal die Mitverantwortung für die Essensversorgung und im anderen Jahr den Kontakt zu den anderen Grundschulen der Region. Im letzten Schuljahr arbeitete Jochen im Schulregionalrat mit. Hier war er zuständig für die Koordination der sportlichen Aktivitäten zwischen den Schulen. In den letzten beiden Schuljahren absolvierte Jochen vier verschiedene Praktika in den Betrieben der Umgebung.

Nach Abschluss der Grundschule I entschied sich Jochen für die Erlernung des Berufes einer Verwaltungsfachkraft. Ihm bot sich ein Ausbildungsplatz in dem Betrieb für Fahrzeugtechnik an, wo auch seine Eltern beschäftigt waren. Um einen Ausbildungsplatz müssen sich die Schulabgänger nicht bewerben. Im letzten Schuljahr der Grundschule I wird durch die Ausbildungslehrer der jeweiligen Schule mit den Schülern, die nicht die

Grundschule II mit dem Zugang zum Studium besuchen, in intensiven Gesprächen und entsprechenden Angeboten der Betriebe adäquate Ausbildungsmöglichkeiten entwickelt.

Die Betriebe haben genügend Ausbildungsplätze mit dem dazugehörigen Ausbildungspersonal bereitzuhalten. Bei der Auswahl des Ausbildungsbetriebes spielen die Neigungen des Schülers, die Schulberichte und die Erfahrungen in den Betriebspraktika eine wichtige Rolle.

Da sich das duale System in der Vergangenheit bewährt hat, besuchen die Auszubildenden blockweise die Berufsschule und zwar im Turnus 2 Monate Praxis im Betrieb, 1 Monat Theorie in der Berufsschule. Auch hier gilt, dass zum Abschluss der Absolvent eine Bescheinigung über das erreichte Ausbildungsniveau erhält.

In allen Fächern und auch in der praktischen Tätigkeit erreichte Jochen nach 3 Jahren Ausbildung das Niveau der ausgebildeten Verwaltungsfachkraft. Auch wenn ein Auszubildender nicht in allen Fächern das Ausbildungsziel erreicht, hat er Anspruch auf eine anschließende Beschäftigung, entsprechend seinen Fähigkeiten.

In der Ausbildung bestehen ebenfalls Räte jeweils für die Ausbildungsabteilung im Betrieb und in der Schule. Im Betrieb war Jochen 1 Jahr im Ausbildungsrat mit zuständig für die Ausbildungszeiten wie Beginn, Pausen, Urlaub, Fehlzeiten der Auszubildenden und in der Berufsschule 1 Jahr lang im Schülerrat für die Beschaffung von Schulmaterialien mitverantwortlich.

Nach Beendigung seiner Ausbildung wurde Jochen in der Verwaltung seines Betriebes als Fachkraft für die Erstellung von Produktionsplänen und deren Überwachung eingesetzt. Hier arbeitete er eng mit dem Betriebsrat zusammen, der die Gesamtplanung für den Betrieb erstellt, die Einzelplanung den jeweiligen Abteilungsräten und die Feinaustarierung und Umsetzung der Verwaltung überträgt. Hier gab es viel Abstimmungsarbeit zwischen Betriebsrat, Abteilungsräten und der Umsetzung im Betriebsalltag von der Verwaltung zu leisten.

Da er 5 Jahre in der Planungsabteilung genügend Erfahrung gesammelt hat, wechselte er danach in deren Grundsatzunterabteilung, wo er für grundsätzliche Aspekte der Planung und der Erhöhung ihrer Effizienz in Zusammenarbeit mit Wissenschaftlern zuständig war. Hier verblieb Jochen 4 Jahre.

Auf eigenen Wunsch trat er danach in die Abteilung für die Planung von Zukunftstechnologien ein. Bevor ein Produkt den Konsumenten vorgestellt wird, muss es nicht nur technisch geprüft sondern auch die gesellschaftlichen Auswirkungen sowie die planerischen Voraussetzungen für den Einsatz von Produktionsmitteln, Arbeitskräften usw. untersucht werden. Diese Arbeiten finden in enger Abstimmung mit Wissenschaftlern verschiedener Disziplinen statt.

Mit 37 Jahren, da inzwischen mit seiner Familie in Holzgerlingen wohnhaft, wechselte er in die Verwaltung des Versorgungszentrums Böblingen-Ost. Die Verwaltung des Versorgungszentrums ist kleiner als die des Fahrzeugtechnikbetriebes und der Arbeitsbereich umfassender. Hier ist Jochen aktuell beschäftigt und zuständig für die planerische Abstimmung mit den Lieferbetrieben.

Im privaten Bereich entwickelte sich das Leben von Jochen wie folgt. Als er 5 Jahre alt war, wurde in die Familie ein 2.Sohn geboren. Die Familie konnte nach einem halben Jahr in eine frei gewordene entsprechend größere Wohnung umziehen.

Auf Stadtteilsebene nahm Jochen als Jugendlicher aus eigenem Interesse heraus an einer Geschichts - AG teil. Die Geschichts - AG versuchte die Motivation und Beweggründe, d.h. das Bewusstsein der Menschen im Kapitalismus aufzuarbeiten, zu diskutieren und dokumentarisch zusammenzustellen. Sie entwickelten Theaterstücke, in denen Szenen aus dem kapitalistischen Alltag mit viel Witz und Humoreinlagen nachgespielt wurden. Ab dem 18.Lebensjahr widmete sich Jochen in seiner Freizeit ganz dem Theaterspielen, das ihn auch in die Orte der Region führte.

Im Alter von 17 und 18 Jahren war er Jugendverantwortlicher seiner Hausgemeinschaft. Hier kümmerte er sich um die Sportangebote der Hausgemeinschaft an die Jugendlichen.

Da Jochen gern allein leben wollte, konnte er mit 18 Jahren eine kleine Wohnung für eine Einzelperson beziehen, seine Eltern mit dem 13-jährigen Bruder mussten jedoch in eine Wohnung für 3 Personen der Hausgemeinschaft umziehen. Hätte er weiterhin bei seinen Eltern gewohnt, hätte die Familie natürlich auch ihre bisherige Vierzimmerwohnung behalten können.

Mit 28 Jahren hat Jochen geheiratet und ist nach Holzgerlingen in die Wohnanlage seiner Ehefrau umgezogen. Da eine Wohnung für ein Ehepaar frei war, war dies relativ schnell möglich. Mit dem Wechsel der Anzahl der Familienmitglieder ist auch ein Wohnungswechsel verbunden. Da im allgemeinen genügend Wohnungen zur Verfügung stehen, muss ein Wohninteressent mit und ohne Familie höchstens 6 Monate auf die Zuteilung einer entsprechenden Wohnung warten.

Mit 29 Jahren wurde Jochen in den 2-köpfigen Rat der Hausgemeinschaft berufen. Da er die Wohnanlage und deren Bewohner durch die Beziehung zu seiner späteren Ehefrau gut kannte, konnte er die Ratstätigkeit bereits ein Jahr nach dem Einzug übernehmen. Die Freizeitangebote der Hausgemeinschaft waren sein Schwerpunktbereich. Außerdem musste er zusammen mit seinem Ratskollegen die monatlichen Hausversammlungen vorbereiten, durchführen und deren Beschlüsse umsetzen. Hierbei wurde der Hausgemeinschaftsrat aktiv von den Bereichsverantwortlichen unterstützt.

Nach Geburt des ersten Sohnes verzichtete das Ehepaar auf einen Wechsel in eine entsprechend größere Wohnung. Erst nach Geburt des 2. Kindes erfolgte der Wechsel in eine größere Wohnung und nochmals nach der Geburt des 3. Kindes.

2 Monate vor der Geburt und 6 Monate danach blieb die Ehefrau zu Hause. Beide Elternteile konnten ihre Arbeitszeit so legen, dass jeder von ihnen 10 Stunden in der Woche für die Kinderbetreuung der Hausgemeinschaft einbringen konnte.

Zusätzlich arbeitet in der Hausgemeinschaft eine pädagogische Fachkraft mit, die morgens sich um die Kleinkinder und nachmittags zusätzlich sich um die Kinder des Kinderzentrums kümmert. Sie wird in ihrer Arbeit von den Eltern der Hausgemeinschaft unterstützt. Die schwangeren und die im 6-monatigen Mutterschaftsurlaub sich befindenden Frauen mit ihren Neugeborenen werden von einer Fachkraft des Gesundheitszentrums ambulant betreut.

Voraussichtlich in 10 Jahren wird Jochen rotationsgemäß in den Betriebsrat des Versorgungszentrums berufen. Aufgrund der geringen Anzahl an Beschäftigten besteht kein Abteilungs- sondern nur ein Betriebsrat. Seine Ehefrau ist zur Zeit im Hausgemeinschaftsrat vertreten, der älteste Sohn im Schülerrat der Grundschule I.

In der Freizeit gehen die Familienmitglieder ihren verschiedenen Beschäftigungen nach. Jochen ist weiterhin Mitglied der Theater AG, seine Ehe-

frau beteiligt sich an einem Kochkurs und der Vorbereitung von gemeinsamen Essensfesten der
Haus-AG, Dieter ist Mitglied der Tischtennismann-
schaft seiner Schule, Elenore ist in der Tanz-AG
des Ortes und Maximilian bastelt gerne in der
Werkstatt der Hausanlage.

Gemeinsam sind ausgiebige Fahrradtouren, Be-
such von Freunden und Verwandten (je nach Sym-
pathie sind nicht alle Familienmitglieder dabei),
Skifahren im Winter, gemeinsame Sommerferien in
einer Ferienwohnung am Meer und ca. alle drei
Jahre Fernreisen.

Der tabellarische Lebenslauf von Jochen M.

a) beruflich

Lebensjahr

3-6 Kinderzentrum Sindelfingen-Maichingen

6-16 Grundsch. I Sindelfingen-Maichingen

10 u. 13 Schülerrat

16 Schulregionalrat

17-20 Ausbildung zur Verwaltungsfachkraft im Fahrzeugwerk Sindelfingen

19 Ausbildungsrat

20 Berufsschulrat

21-26 Verwaltungsfachkraft in der Planungsab-teilung des Fahrzeugwerks Sindelfingen

27-31 Verwaltungsfachkraft in der Planungs-unterabteilung Grundsätze

32-37 Verwaltungsfachkr. in der Abt. Zukunfts-technologie

37-b.a.w.Verwaltungsfachkr. in der Beschaffungs-abteilung des Versorgungszentrums Böblingen

b) <u>privat</u>

10-17   Geschichts-AG

17-18   Jugendverantwortl. der Hausgemeinschaft

18-b.a.w. Theater AG

18-27   Einzelwohnung in Maichingen

28   Heirat und Umzug nach Holzgerlingen

29-31   Hausgemeinschaftsrat

29   Geburt von Dieter

31   Geburt von Eleonore

37   Geburt von Maximilian

Eine Woche im Leben des Jochen M.

<u>Montag</u>

Jochen steht wie an den übrigen Werktagen um 7 Uhr auf. Im Anschluss an die Morgentoilette bereitet er das Frühstück für die Familie vor. Nach dem gemeinsamen Frühstück verlassen die Kinder und Martha um 8 Uhr 30 die Wohnung, um mit Fahrrädern zur Schule bzw. zum Kinderzentrum zu fahren, die beide um 9 Uhr mit dem Unterricht bzw. Betreuung beginnen. Nach Abruf der täglichen Informationen verlässt auch Jochen um 8 Uhr 40 die Wohnung, um mit öffentlichen Verkehrsmitteln das Versorgungszentrum in Böblingen zu erreichen.

Die Arbeitszeit beginnt wie immer mit einer kurzen Besprechung der Beschäftigten der Beschaffungsabteilung in Anwesenheit eines Mitglieds des Betriebsrates. Da die Beschaffungsabteilung nur aus 5 Mitarbeitern besteht, gibt es keinen Abteilungsrat. Es werden die Aufgaben des Tages besprochen und verteilt. Die Koordinierungsaufgabe hat das Betriebsratsmitglied. Durch Meldungen der Inventurabteilung ist die Beschaffungsabteilung darüber informiert, welcher Bedarf an Gütern besteht. Per e-mail muss sich mit den Lieferbetrieben in Verbindung gesetzt werden, um die notwendigen Bestellungen durchzuführen. Dabei stellt sich immer wieder heraus, dass aufgrund der wechselnden Nachfrage es Abweichungen vom Jahresplan gibt.

Um 10 Uhr beginnt Jochen mit der individuellen Arbeit, er führt mit mehreren Betrieben Telefongespräche über die Lieferung von Textilien. Bei bestimmten Lederwaren, die dieses Jahr begehrt sind, ist der Bestand in der Reserve, dies gilt vor allem für die Jacken. Da die Lederwarenbetriebe mehrere Versorgungszentren zu beliefern haben, entsteht bei ihnen ein nicht vorgesehener Engpass. Daher können die Versorgungszentren nicht mit der Lieferung der gewünschten Anzahl an Textilien rechnen. Nach den Telefongesprächen ist noch ein Abgleich des Jahresplans mit den aktuellen Beständen und der mögliche Bedarf bis Ende des Jahres hochzurechnen und für die neue Jahresplanung zu berücksichtigen. Die telefonischen Kontakte dauern bis ca. 12 Uhr, danach ist 1,5 Stunden Mittagspause im internen Speise- und Aufenthaltsraum und ab 13 Uhr 30 bis 15 Uhr 30 findet der Abgleich zwischen Plan, Ist-Bestand und mögliche Nachfrage statt.

Nach Beendigung der Arbeitszeit ist Jochen um 15 Uhr 45 zu Hause. Nach Erledigung einiger Hausarbeiten ist die gesamte übrige Familie auch um 16 Uhr aus der Schule und Kinderzentrum zurück. Heute steht für Jochen von 18 Uhr bis 20.00 Uhr Theatergruppe auf dem Programm, Martha hat ihren freien Abend ebenso wie der jüngste Sohn. Die beiden anderen haben ihren TT-Abend und Arbeit in der Hauswerkstatt auf dem Plan. Nach Rückkehr und Gesprächen wird gemeinsam ein interaktives Fernsehprogramm mit Beteiligung aller Familienmitglieder angeschaut.

Um 22 Uhr geht der jüngste und um 23 Uhr die übrigen zu Bett.

Dienstag

Dienstags ist immer Liefertag. Deshalb beginnt die Arbeitszeit von Jochen bereits um 7 Uhr mit der täglichen einstündigen Besprechung. Es wird abgesprochen, wer welche Lieferung übernimmt, kontrolliert und einlagert. Heute ist Jochen für die Lieferungen der Milchprodukte, Käse, Joghurt usw. zuständig. Das ganze Lieferprocedere der 3 LKW's dauert den Vormittag, da die Einlagerung und die Entnahme aus den Beständen für die Güterbereitstellung einige Zeit in Anspruch genommen hat. Aufgrund des frühen Beginns der Arbeitszeit ist der Arbeitstag für Jochen bereits zur Mittagszeit zu Ende.

Nach Einnahme der betrieblichen Mahlzeit ist Jochen bereits um 13 Uhr 30 zu Hause. Hier hat er die Ruhe, sich um seine persönlichen Erledigungen, wie e-mail-Verkehr usw. zu kümmern. Nach Erscheinen der restlichen Familie um 16 Uhr wird, da schönes Wetter herrscht, noch eine kurze Radtour in die nähere Umgebung gemacht. Heute Abend ist nur Martha in der wöchentlichen Sitzung des Hausgemeinschaftsrates zusammen mit den Bereichsverantwortlichen, der ältere Sohn trifft sich mit anderen Freunden, die Tochter kommuniziert mit einer Freundin in Nordamerika über Satellit und der jüngste Sohn spielt mit seiner Modellroboterfamilie. Als Martha von der Ratssitzung um 22 Uhr nach Hause kommt, gehen sie heute etwas früher zu Bett.

Mittwoch

Nach dem gemeinsamen Frühstück bleibt Jochen heute zu Hause. Er bereitet sich auf die Sitzung des Branchenregionalrates vor, die um 13 Uhr am Sitz des Rates in Stuttgart beginnt, wo er als Verwaltungsexperte für Beschaffung zur Anhörung geladen wurde. Themen sind u.a. die wechselnden Wünsche der Bürger in Bezug auf Kleidung und die schwierige Umstellung in der Lieferung und

Produktion sowie die vierteljährliche Meldung an den Branchenrat.

Für die Sitzung bereitet sich Jochen anhand der für ein Vierteljahr aufgearbeiteten Unterlagen seines Versorgungszentrums vor. Die 3 Stunden, die er zu Hause mit der Vorbereitung verbringt und die 3 Stunden Sitzung des Branchenregionalrates werden voll auf die Arbeitszeit angerechnet.

Nach Erledigung der Formalien wie Genehmigung des Protokolls der letzten Sitzung geht man im Branchenregionalrat zum Haupttagungspunkt der starken Planabweichungen über. Neben Jochen werden auch von Vertretern anderer Versorgungsbetriebe der Region ihre diesbezüglichen Probleme vorgetragen. Eine schwache Ratsmehrheit vertritt die Meinung, dass die Kunden sich bei der Bestellung von Textilien im August des Vorjahres klar festlegen und sich an die Angaben im Folgejahr, dem Planjahr halten sollten.

Eine starke Minderheit plädiert jedoch dafür, dass die Freiheit der Produktwahl auch über das Planjahr aufrechterhalten werden sollte und die Bürger das Recht haben, sich bei der Besorgung für andere als den für den Plan angegebenen Gütern zu entscheiden.

Da keine Einigung erzielt wird, wird den anwesenden Vertretern des Wissenschaftsrates der Auftrag erteilt, eine für beide Seiten, den Produzenten und Konsumenten, zufriedenstellende Lösung bis zur nächsten monatlichen Sitzung zu erarbeiten.

Als weiteres Thema wird das Ablaufdatum der Lebensmittel angesehen. Hier wird darüber diskutiert, ob nicht ein 2.Fälligkeitsdatum für die Haltbarkeit angegeben werden solle, an dem das Lebensmittel aus gesundheitlichen Gründen aus dem Verkehr genommen werden sollte. Ein diesbezüglicher Antrag wird an den Branchenrat mit der Bitte um nationale Umsetzung übermittelt. Nach Abarbeitung der sonstigen Tagesordnungspunkte und Bekanntgabe von Terminen wird um 16 Uhr die Sitzung des Branchenregionalrates geschlossen.

Um 16 Uhr 45 ist Jochen zu Hause. Seine Ehefrau erwartet ihn schon, die Kinder halten sich bei Freunden in der Hausgemeinschaft auf. Heute Abend will Martha einiges im gemeinschaftlichen Garten zusammen mit Nachbarn erledigen. Sie will Blumen pflanzen und einige Gemüsebeete müssen umgegraben werden, wofür sich vor allem die Männer bereit erklären. Traditionelle Gartenarbeit ist in der Hausgemeinschaft äußerst beliebt, da es körperlichen Ausgleich in der Natur und geselliges

Beisammensein verbindet. Nach getaner Arbeit sitzen die Gartenfreunde noch ab 19 Uhr 30 zusammen. Zwischendurch gesellen sich noch die Kinder dazu, sodass es 21 Uhr 30 wird bis man in die Wohnung geht. Danach schaut jeder von ihnen nach eingegangenen e-mails und die angelieferte Post bis man um 22 Uhr 30 zu Bett geht.

Donnerstag

In der Dienstbesprechung der Abteilung berichtet Jochen über die gestrige Sitzung des Branchenregionalrates. Die anwesenden Kolleginnen und Kollegen sind mehrheitlich der Auffassung, dass die Kunden sich strikter an ihre Augustangaben für das kommende Planjahr halten sollen.

Nach der Besprechung wird die wöchentliche Kleininventur durchgeführt. Hier wird darauf geachtet, dass bei verderblichen Gütern wie Lebensmittel der Bestand an Frischware mit abgelaufenem Haltbarkeitsdatum die Reservemenge von 10% nicht übersteigt. Dies gilt ebenso für die nichtverderblichen Güter mit ebenfalls einem Reserveanteil von 10%. Die Kleininventur erstreckt sich über den ganzen Tag bis zur Beendigung um 16 Uhr.

Nach der Arbeit sucht Jochen im medizinischem Zentrum den Zahnarzt zur halbjährlichen Routinekontrolle auf. Mit der Feststellung einer Zahnbehandlung und der dazugehörigen Terminvereinbarung verlässt Jochen das medizinische Zentrum und ist um 18 Uhr zu Hause.

Heute Abend sind Jochen und Martha bei einem befreundeten Ehepaar in Böblingen zur Geburtstagsfeier eingeladen. Beide fahren um 19.30 Uhr mit dem Fahrrad zum S-Bahnhof und mit der S-Bahn nach Böblingen. In Böblingen leihen sie sich am Bahnhof 2 Fahrräder, mit denen sie zur befreundeten Familie radeln, wo sie um 20 Uhr 15 eintreffen. Die älteren Kinder bleiben zu Hause, der jüngste hält sich bei der Familie seines Freundes in der Nachbarschaft auf. Auf der Geburtstagsfeier im Garten der Wohnsiedlung „August Bebel" in Böblingen sind außer dem Gastgeberehepaar noch weitere 20 Gäste aus Böblingen und Umgebung anwesend. Alle sind mit dem Fahrrad bzw. öffentliche Verkehrsmittel gekommen. Nach einem ausgiebigen Essen finden anregende Gespräche statt. Gegen Ende wird Jochen aufgefordert, eine kleine Kostprobe aus seinem künftigen Theaterstück vorzustellen. Andere Gäste bringen Gesangseinlagen, Rätsel, ironische Witze und Erzählungen ein, sodass der Abend bis zum allgemeinen Aufbruch um 23 Uhr 50 wie im Fluge vergeht.

Um 00.30 Uhr, als sie zu Hause ankommen, schlafen die drei Kinder schon fest in ihren Betten. Der jüngste Sohn ist von der Nachbarin um 22 Uhr gebracht worden, worauf er sich gleich zu Bett begeben hat.

Freitag

Freitags ist Marthas freier Tag. Da die Lehrer vormittags unterrichten und nachmittags vor allem Betreuungsaufgaben haben oder Intensivunterricht erteilen, dauert ihre Arbeitswoche nur 4 Tage. Eingeschlossen sind natürlich die Ratssitzungen und Vorbereitungszeiten. Nach dem gemeinsamen Frühstück verlassen die Kinder um 8 Uhr 30 und Jochen um 8 Uhr 40 die Wohnung.

Wie üblich findet an seiner Arbeitsstelle zunächst die morgendliche Besprechung statt. Heute hat Jochen seinen Kundenkontakttag. Jeder Mitarbeiter der Beschaffungsabteilung hat einmal in der Woche seinen Arbeitstag für Kundenkontakte, während die Mitarbeiter dieser Abteilung auch rotationsgemäß in der Beschaffungsabteilung arbeiten. Jochen versieht heute seinen Dienst in der Textilienabteilung. Da viele andere Betriebe und Einrichtungen am Freitag ihren arbeitsfreien Tag haben, wird dieser oft von den Konsumenten zur Besorgung von Gütern genutzt.

Der Einkaufsmodus ist in etwa wie heute. Die Kunden gehen z.B. in die Textilabteilung, suchen sich etwas aus dem Angebot aus, probieren es an und lassen sich beraten. Wenn es ihnen gefällt, gehen sie zur Kasse und bezahlen mit ihrer Karte. Die Anteile für das Kleidungsstück wird mit dem Anteilsguthaben verrechnet und auf dem Display erscheint das Anteilsguthaben. Der Rechner berücksichtigt hierbei die Summe der jährlichen Anteile an Kleidung.

Da dieses Jahr Lederjacken über den Plan hinaus sehr begehrt sind, werden nur wenige von ihnen und dafür mehr Stoffjacken angeboten. Natürlich hat Jochen ein großes Interesse daran, dass die Kunden sich mehr Stoffjacken als Lederjacken besorgen. Da sie zu dritt in der Kleiderabteilung sind, entsteht aufgrund des regelmäßigen aber nicht drängenden Kundenzugangs kein Arbeitsstress. Das Versorgungszentrum ist bis 20 Uhr geöffnet. Die Schicht von Jochen ist um 16 Uhr beendet.

Da Jochen im Versorgungszentrum arbeitet, bringt er heute die benötigten Lebensmittel mit nach Hause. Dafür verwendet er ein Lastenfahrrad der Hausgemeinschaft, um die eingekauften Artikel gut verstauen zu können. Die Abrechnung erfolgt wie bei den auswärtigen Kunden. Es gibt keinen Mitarbeiterbonus.

Zu Hause erwartet ihn heute Abend ein Treffen mit ehemaligen Schulkameraden, das einmal im Vierteljahr am Ort seiner früheren Schule in Maichingen stattfindet. Es ist immer ein reger Austausch aus der Zeit des Schulbesuches und über die jetzige Arbeits- und Lebenssituation. Wie üblich fährt Jochen mit dem Fahrrad zum Bahnhof und nimmt dann die S-Bahn nach Maichingen. Im dortigen Kulturzentrum treffen sich die ehemaligen Schulkameraden in einem für diesen Abend reservierten Raum mit Essens- und Trinkangeboten. Der Rest der Familie bleibt zu Hause, wobei jeder von ihnen seiner eigenen Beschäftigung nachgeht.

Samstag

Das Wochenende ist möglichst der gemeinsamen Erholung, sportlichen Aktivitäten, gemeinsamen Unternehmungen und den persönlichen Kontakten vorbehalten. Nach dem Frühstück und dem Lesen der Infos trifft sich Jochen mit einer Gruppe aus dem Stadtteil zum Joggen in der näheren Umgebung. Jeder aus der Gruppe hat seine Lieblingsstrecke, die er den anderen Teilnehmern abwechselnd vorschlagen kann. Nach dem Jogging ist noch gemütliches Zusammensein in den jeweiligen Gemeinschaftsräumen vorgesehen. Der Teilnehmer, der seine Strecke den anderen vorgeschlagen hat, ist für die Reservierung und die Bereitstellung von Getränken und kleinen Imbissen zuständig.

Dieter und Elenore haben sich an diesem Morgen mit Freunden zum Paddeln auf dem Neckar verabredet. Da aus Sicherheitsgründen ein Erwachsener dabei sein muss, hat sich ihr Sportlehrer dazu bereit erklärt.

Zu Maximilian ist ein Freund in sein Zimmer gekommen. Gemeinsam basteln sie an Modellen für künftige Raumgleiter.

Martha betätigt sich mit anderen Hausbewohnern im Garten. Es müssen die ersten Beeren geerntet werden. Außerdem sind noch einige Beete für verschiedenes Gemüse anzulegen.

Hausputz und Reinigungsarbeiten erübrigen sich, da die Haushaltstechnik so weit fortgeschritten ist, dass automatische Reinigungsgeräte für alle Haushaltsbereiche zur Verfügung stehen.

Nachmittags wird eine Ausstellung für Neuentwicklungen im gesamten Hausbereich in der Volkshalle in Böblingen eröffnet. Martha und Jochen besuchen nach dem Mittagessen die Haushaltsausstellung. Martha interessiert sich besonders für die neu entwickelten Gartengräte. Abends ist die Familie vor dem Fernseher mit dem Mitmachprogramm versammelt.

Sonntag

Sonntagmorgens trifft sich Martha stets in einer Fraueninitiative. Diese Initiative hat sich gebildet, um sich für einen selbstbestimmten Verbleib schwangerer Frauen im Berufsleben und der Bereitstellung adäquater Arbeitsplätze für sie einzusetzen.

Jochen bleibt zu Hause, bearbeitet zunächst seine e-mails und bereitet sich auf das Theaterspiel am Abend vor. Sonntagnachmittag ist Familientag. Da heute das Wetter nicht so einladend ist, werden verschiedene Spiele durchgeführt.

Zunächst gibt es ein Lieblingsprogramm der Familie im Computer, an dem sich alle beteiligen können. Es wird eine historische Zeit gewählt und dann von den Mitspielern verschiedene Rollen übernommen. Anschließend wird von jedem an seinem eigenen Computer versucht in das Spielsystem des anderen einzudringen. Dies erfolgt unter starken Konkurrenzbedingungen mit Koalitionen, Angriff und Verteidigung, Waffenstillständen und Friedensvereinbarungen. Hier kann manche Aggression, die anscheinend noch vorhanden ist, ausgelebt werden.

Am Abend ist die Theatervorstellung. Die Kinder bleiben zu Hause und entspannen sich vor der Schulwoche. Jochen nimmt als Schauspieler teil und Martha als aktive Zuschauerin.

Das Theater bespielt Szenen aus dem Alltag der kapitalistischen Gesellschaft. Nach jeder Szene wird mit der Zuhörerschaft diskutiert und die Theaterstücke können nach den Vorstellungen der Zuschauer geändert werden. Wer von den Zuschauern will, kann in den geänderten Szenen selbst mitspielen, was Martha auch schon getan hat.

Heute werden verschiedene Szenen aus dem Berufsalltag der Verwaltung dargestellt. Da viele Begebenheiten mit Überspitzung und Sarkasmus gezeigt werden, ist der Lacherfolg bei der Zuhörerschaft stets gegeben. Es wird eine halbe Stunde gespielt, anschließend darüber debattiert und erweitert mit den Ergänzungen nochmals vorgetragen.

Es sind immer 2 Szenen, die von den Schauspielern gespielt und zur Diskussion gestellt werden.

Nach Beendigung der Aufführungen um 22 Uhr 30 fahren die beiden Eheleute, da das Theater sich im gleichen Ort befindet, mit dem Fahrrad nach Hause. Um 23 Uhr sind alle im Bett.

VI Fazit

Zunächst eine Bemerkung zum Schreibstil: aus Vereinfachungsgründen habe ich fast durchgehend das Maskulinum benutzt, dies ist nicht gegen das weibliche Geschlecht gerichtet. Wenn ich einen Begriff (z.B.der Konsument) verwende, so gilt dies für den Konsumenten genauso wie für die Konsumentin. Liebe Leserinnen, beurteilt bitte nicht das Buch nach Geschlechtskriterien, es ist für beide Geschlechter gleichermaßen geschrieben.

Weiterhin habe ich die Darstellung der heutigen Gesellschaft *kursiv* geschrieben, so dass ein Leser oder eine Leserin diese Passagen leicht überspringen kann, um sich nur mit dem Entwurf der künftigen Gesellschaftsordnung zu befassen.

Es ist nicht einfach, sich vorzustellen, wie Menschen nach mehreren Generationen leben werden und zwar in einem Gesellschaftssystem, das sich grundsätzlich von dem heutigen unterscheidet. Bei aller Rationalität, die man bei diesem Thema anzuwenden hat, haben doch die Gefühle auch ihren Platz. Ich fordere daher jede/n Leser und Leserin dazu auf, kurz innezuhalten, die Augen zu schließen und zu träumen von einer Gesellschaft, indem es ihm/ihr gut geht, aber allen anderen Menschen auch. Jede/r könnte sich im Traum sein/ihr künftiges Leben vorstellen, dann müsste es nur noch mit den Träumen der anderen Menschen verknüpft werden, denn bestimmt keine/r will auf Dauer als Einsiedler/in leben.

Obwohl der Verfasser seine Utopie ausführlich dargestellt hat, ist er noch viel zu sehr mit dem heutigen System verbunden, als dass er einen fundierten Entwurf der Zukunftsgesellschaft entwickeln könnte. Ganz persönliche, dem Zeitgeist verbundene Vorstellungen fließen mit ein. So werden vom Verfasser als erhaltenswerte Einrichtung z.B. die duale Berufsausbildung zwar übernommen, jedoch in dem Bewusstsein, dass in der weiteren Zukunft es von der jeweiligen Gesellschaft ganz anders gesehen und daher geändert oder durch ein anderes System ersetzt wird. Ganz schwierig bis aussichtslos ist es, den technischen Stand oder den Alltag einer Familie in vom Verfasser einmal angenommenen 250 Jahren annähernd genau zu beschreiben. Ich habe es trotzdem im Kapitel „Die künftige Gesellschaft in Einzelansicht" versucht.

Im Jahre 1766, also vor 250 Jahren, kurz nach dem siebenjährigen Krieg seiner damaligen absolut regierenden Herrscher und in der hohen Zeit des Merkantilismus, vor der amerikanischen und französischen Revolution, wie rasant hat sich die Welt seit damals verändert! Mit all diesem Auf und Ab der Geschichte, Fortschritte und Rückschritte und leider auch den Katastrophen des 20.Jahrhunderts. Diese verglichen mit früheren Jahrhunderten beschleunigte Entwicklung kann man als möglichen Maßstab heranziehen, wenn man sich vorstellen will, wie die Menschheit sich in den nächsten Jahrhunderten entwickeln wird. Der gesellschaftliche Fortschritt wird niemals stehenbleiben. Die Bürger der Zukunftsgesellschaft werden z.B. stets damit beschäftigt sein, die Bürokratie abzubauen und sich aus ihren Normzwängen zu befreien. Dazu gehört aber auch ein sehr hohes Verantwortungsbewusstsein seiner Bürger.

Wenn man sich die ganze Menschheitsgeschichte vor Augen hält, so kann man die Beschleunigung in den einzelnen Etappen gut erkennen.

Aufgrund von Urzeitfunden kann grob geschätzt mit 100.000 Jahren vor unserer Zeitrechnung begonnen werden. Diese Urgeschichte dauerte ungefähr bis 4.000 Jahre v.u.Z. (96.000 Jahre). Danach begannen mit den Hochkulturen in Ägypten und Mesopotamien die Sklavenhaltergesellschaft bis zum Untergang des (West-) Römischen Reiches um 500 u.Z. (4500 Jahre) und schließlich die Feudalzeit bis ca. 1800 (1.300 Jahre) mit der amerikanischen und französischen Revolution und ihre politischen Nachwirkungen sowie die Industrialisierung im 19.Jahrhundert und mit ihm das kapitalistische Zeitalter. Aufgrund der immer kürzeren Geschichtsetappen kann man erkennen, dass wir seit der Jahrtausendwende wahrscheinlich den Höhepunkt des kapitalistischen Zeitalters überschritten haben.

Heute meint man oft, dass die typischen Merkmale unseres Gesellschaftssystems wie Individualismus, Egoismus und Gewinnstreben schon immer und ewig bestanden. In herrschenden Kreisen schon, aber in dieser ausgeprägten Form sind diese Symptome des kapitalistischen Systems menschheitsgeschichtlich gesehen relativ jung.

Gerade in der heutigen turbulenten und unsicheren Zeit, da dieses Gesellschaftssystem den Zenit seiner Entwicklung überschritten hat, ist es notwendiger als je zuvor, den Versuch zu wagen, einen gesellschaftlichen Gegenentwurf zu entwickeln. Zumindest sollte das mögliche Ziel, wohin „die Reise gehen" sollte, formuliert und zur Diskussion gestellt werden. Wenn das Ziel in Umrissen erfasst ist, kann man sich über den Weg dorthin Gedanken machen. Dies ist jedoch einem weiteren Buch vorbehalten.

Natürlich erleben die heutigen Generationen nicht die Umsetzung und die Praxis dieses Entwurfes. Die zukunftsgewandte Beschreibung soll auch eine mögliche Darstellung zu einem bestimmten Zeitpunkt vermitteln. Davor gibt es eine längere Entwicklung mit vielen geradlienigen, aber auch abweichenden Phasen auf das beschriebene Ziel zu, ich denke hier an eine Vorlaufzeit von 150 Jahren.

Dies bedeutet, dass die Kinder der jetzigen Kinder, wenn sie im Rentenalter sich befinden, die konkreten Anfänge der gesellschaftlichen Änderungen zu einer humanen Gesellschaft miterleben werden. Zum Trost für die heutige Generationen, die die äußerst schwierige Aufgabe haben, die Erde und die Menschheit vor den alles zerstörenden Katastrophen zu bewahren, bereits in unserer Zeit die Chance ergreifen können, Elemente einer künftigen Gesellschaftsordnung kleinteilig (nicht-kapitalistische Klein- und Mittelbetriebe) und mosaikartig (alternative Arbeits- und Lebensformen) zu verwirklichen.

Sie können sich zum Teil oder überwiegend dem Hamsterrad des Berufsstresses, Karrieredenkens und höheren Einkommens, um einem sinnentleerten Wohlstand mit seinen krankmachenden und sozialfeindlichen Symptomen zu frönen, entziehen.

Es müssen die Ziele einer künftigen Gesellschaftsordnung auf unsere Zeit heruntergebrochen werden, um sich damit zu beschäftigen, was bei aller Einschränkung heute schon umgesetzt werden kann. Dies erfordert von den Beteiligten viel Kreativität, Überwindung eingefahrener Denkmuster und einen regen Austausch mit anderen „Systemveränderer".

Auch so manchem Wohlstandsbürger von heute dämmert es, dass trotz beruflicher Leistung und gesellschaftlichem Wohlverhaltens sein hoher Lebensstandard auf Dauer auf Sand gebaut ist. Durch die einseitige Nutzung der Globalisierung ist er mitverantwortlich für die ökonomische Abhängigkeiten, die Rückständigkeiten, die zahlreichen Konflikte und ökologischen Schäden in den Entwicklungsländern. Keiner der vermögenden Bürger kann sich mit der Begründung aus der Verantwortung ziehen, dass er mit seinem Lebensstil keinem Menschen in den Entwicklungsländern etwas zu leide tun wollte. Unser Wohlergehen beruht zum großen Teil auf deren Unterentwicklung.

Bei uns wird oft nach dem Motto gehandelt: nach mir die Sintflut, d.h. in großer Verantwortungslosigkeit gegenüber kommenden Generationen. Die Kinder erben von ihren begüterten Eltern nicht nur angehäufte Vermögen sondern auch durch deren aktives Tun oder Unterlassen verursachten Probleme dieser Welt. Und die ungelösten Probleme haben die Tendenz über die Jahre zuzunehmen anstatt abzunehmen.

Man könnte meinen, die westliche Wohlstandsgesellschaft hat einen faustischen Pakt mit dem Teufel geschlossen: Für einen hohen Lebensstandard ist der Preis einer Gefährdung, ja zum Teil Vernichtung der Existenzgrundlage aller Menschen zu entrichten. Aus dieser Verstrickung sich zu befreien, dazu hilft kein höheres Wesen, dies müssen wir schon selber tun. Wenn es der Menschheit nicht gelingt, die Dämonen der Moderne zu besiegen, so haben nachfolgende Generationen sowieso keine Chance, die Zukunftsgesellschaft aufzubauen.

In den einzelnen Kapiteln habe ich mich zunächst mit der aktuellen Situation befasst. Dabei ging es mir darum, die wesentlichen Kernbereiche des heute herrschenden Gesellschaftssystems möglichst kurz und doch umfassend zu beschreiben, ohne dabei zu sehr ins Detail gehen zu wollen. Zu Gegenwartsfragen gibt es in großer Auswahl eine sehr gute und detaillierte Literatur.

In der Beschreibung der künftigen Gesellschaft wollte ich so konkret wie möglich werden, was sich im Kapitel V „Die künftige Gesellschaft in Einzelansicht" manifestiert. Andrerseits konnte ich verständlicherweise nur die Grundzüge der künftigen Gesellschaft aufzeigen, zu deren Umsetzung man sich mit der Zeit neben aller Theorie viel Erfahrung aneignen und bei aller entwickelten Informationstechnologie ebenso durch Versuch und Irrtum in seiner Entwicklung voranschreiten muss.

Ob dies das Rätesystem mit seiner Rotation, die Produktion und Versorgung nach Plan und ohne Markt, das Gemeinschaftseigentum an Betrieben, Wohnhäusern und Infrastruktur, die gleichen Einkommensanteile oder die hierarchiefreien Betriebe sind, all dies sind Elemente, die sich fundamental von dem heutigen Gesellschaftssystem unterscheiden.

Sie müssen neu erdacht, im permanenten Diskurs entwickelt, ausprobiert werden und später in der Praxis sich bewähren. Dies wird ständig begleitet durch ein Auf und Ab von Erfolgen und Misserfolgen, aus denen die Menschen immer wieder lernen können.

Auch wenn uns heute viele zivilisatorische Errungenschaften als selbstverständlich erscheinen,
so muss man doch bedenken, dass in politischen,
technischen, wirtschaftlichen aber auch alltäglichen
Bereichen die meisten Neuerungen zu ihrer Zeit
überhaupt nicht selbstverständlich waren sondern
in Auseinandersetzungen und Kämpfen gegen konservative und reaktionäre gesellschaftliche Kräfte
sich erst durchsetzen mussten.

Für das Ziel der gesellschaftlichen Trans-
formation möchte ich mit meinem Buch einen kleinen Beitrag leisten. Ein Erfolg wäre es für mich,
wenn ich in der heutigen Gesellschaft eine
entsprechende Debatte anstoßen könnte. Da ich
soweit wie möglich die neue Gesellschaftsordnung
umfassend und doch detailliert darstellen wollte,
konnten mir Fehler unterlaufen, was meinen Text
natürlich stärker angreifbar macht. Obwohl ich in
der Beschreibung der neuen Gesellschaft in einigen
Bereichen ins Detail gegangen bin, geht es mir
jedoch vor allem darum, die Prinzipien einer neuen
Gesellschaft aufzuzeigen. So habe ich nicht die
Zugehörigkeit der kommunalen Einrichtungen wie
Versorgungsbetriebe, Kultur-, Bildungs- und
Freizeiteinrichtungen klar danach differenziert, ob

sie zum Produktions- oder Reproduktionsbereich gehören.

Sicher kann so mancher Leser von der heutigen Warte aus gesehen sich schwer vorstellen, dass alle Bürger einkommensmäßig gleich behandelt werden. Er sollte jedoch berücksichtigen, dass das aktuelle Leistungs- und Einkommensprinzip sehr aus dem Gleichgewicht geraten ist. Zum Beispiel kann heute die Position des Bundeskanzlers als verantwortungsvollste, aber auch, da immer in der Öffentlichkeit stehend, als anspruchvollste Tätigkeit in unserem Land gesehen werden. Wie groß ist jedoch der Unterschied seines Einkommens zum Vorstandsmitglied eines Großunternehmens, der zwar die Verantwortung für seinen Bereich aber nicht für das ganze Volk trägt und nicht so sehr im Fokus der Öffentlichkeit steht wie der Bundeskanzler, wenn er 10x mehr verdient als der wichtigste Politiker im Lande.

Und andrerseits wie wertvoll die Arbeit einer Krankenschwester, Müllmannes, Polizisten, Lehrers oder Sozialarbeiters für die Gesellschaft und wie gering im Verhältnis dazu ihre Entlohnung ist. Frage: Wie schnell würden die Bürger die gesellschaftliche Bedeutung ihrer Tätigkeit bemerken, wenn die Müllmänner oder die Börsenmakler strei-

ken würden? Ich denke bei dem Streik der Müllmänner wären nach zwei Wochen unhaltbare Zustände in den Abstellräumen der Müllcontainer, den
Streik der Börsenmakler würde man nach 6 Monaten, von einigen Spekulanten abgesehen, immer
noch nicht bemerkt haben.

So falsch gewichtet kann Leistung für die Gesellschaft bewertet werden. Wenn jedoch wie heute
die Erzielung von Gewinn bei der Leistungserbringung im Vordergrund steht, wird die Leistung für
Kapitalinteressen viel höher bewertet als die Leistung für die Gesellschaft.

Auch die Vorstellung, dass jeder Bürger, von
wenigen Ausnahmen abgesehen in die Räte einzieht
und für eine bestimmte Zeit politische Verantwortung übernimmt, ist zunächst gewöhnungsbedürf-
tig. Aber ziehen heute die fachlich besten und cha-
rakterfestesten Mitbürger in die Parlamente ein und
übernehmen politische Verantwortung? Ich denke,
es hat zunächst nichts mit dem Können und dem
Charakter des angehenden Politikers zu tun, wenn
er sich schon früh und vielleicht angeregt und er-
mutigt von seiner Umgebung, sich für Politik interessiert. Über den Weg des Politikers habe ich in vo-
rigen Kapiteln ausführlich geschrieben. Wenn man

heute von gescheiterten Politikern spricht, fallen jedem von uns sofort einige Namen ein.

Zur Ratsübernahme durch alle müssen jedoch einige Voraussetzungen erfüllt sein: die Erziehung und die Bildung müssen ihren Beitrag leisten. Das erlernte und gewachsene Bewusstsein eines Dienstes für die Gemeinschaft und die gleichberechtigte Teilnahme an politischen Entscheidungen in einer humanen, sozialen und ökologischen Gesellschaft sind die geistigen Grundlagen und auch Ansporn zum Gelingen der Partizipation. Es bedarf keiner Diskussion, dass die partizipative Demokratie heute nicht einführbar wäre, sie wäre aufgrund der nicht erfüllten Grundbedingungen zum Scheitern verurteilt.

Auf der anderen Seite weiß man aus der Planwirtschaft der sog. realsozialistischen Länder, dass das System unflexibel war und die Bedürfnisse der Bevölkerung gar nicht oder mangelhaft befriedigt werden konnten. Nur muss dies im historischen Kontext gesehen werden. Russland war vor der sozialistischen Oktoberrevolution ein feudal-agrarisches Land mit unterentwickelter Industrie, schlechter Infrastruktur, miserablem Bildungswesen und mit Lebensbedingungen breiter Bevölkerungsschichten auf äußerst niedrigem Niveau.

Da galt es nach einem verheerenden Bürgerkrieg, großen Hungersnöten und der Abwehr aus-
ländischer Interventionen zunächst eine Industrie
unter erschwerten Bedingungen aufzubauen, den
Hunger durch eine kollektivierte Landwirtschaft zu
besiegen, den Zugang zum Bildungswesen für alle
möglich zu machen und die mangelhafte Infrastruktur zu modernisieren. Dies musste aufgrund der un-
genügenden Erfahrungen oft nach dem Versuch-
und Irrtum-Prinzip mit schnell ausgebildeten Fachpersonal durchgeführt werden. Bedingt durch die
Zerstörungen des 2. Weltkriegs war die Sowjetuni-
on gezwungen, ihr Land wegen den riesigen Ver-
lusten an Menschen und Material ein zweites Mal
wieder aufzubauen. Wenn man diese Besonderheiten berücksichtigt und die sozialistische Wirtschaft
nicht nur unter Konsumgesichtspunkten beurteilt,
wurden von ihr jedenfalls beeindruckende wirtschaftliche und gesellschaftliche Erfolge erzielt. Sie
hatte sich zu einer bedeutenden Industrienation und
neben den USA zur 2. Weltmacht aufgeschwungen.

Was nützen jedoch diese Erfolge, wenn sie
durch eine alles erdrückende Bürokratie und antide-
mokratisches, ja staatsterroristisches Verhalten der
Verantwortlichen zunichte gemacht wurden? Au-

ßerdem konnte nicht Schritt gehalten werden mit den Produktivitätsfortschritten im Kapitalismus.

Die durch die Systemkonkurrenz bedingte immense Belastung durch zu hohe Militärausgaben und fortdauernde Nichtberücksichtigung der Konsumbedürfnisse der Bevölkerung trugen zur Überforderung und Nichtakzeptanz des sog. real existierenden Sozialismus bei. Diese Mängel konnten die Errungenschaften im sozialen Bereich und abgesicherte Lebensbedingungen für alle nicht aufwiegen. Auch die Reformversuche Ende der 80´er Jahre (Glasnost, Perestrojka) konnten aufgrund der gesellschaftlichen Verkrustungen den Niedergang des sog. real existierenden Sozialismus nicht aufhalten.

Folgende Lehre aus den Erfahrungen des real existierenden Sozialismus kann man ziehen: Es muss eine Grundsubstanz an Demokratie vorhanden sein und man kann keine sozialistische Wirtschaft auf einer unterentwickelten Ökonomie aufbauen sondern eine Wirtschaft auf gehobenem produktiven Niveau muss die ökonomische Basis bilden. Da vor allem die abhängig Beschäftigten diese Grundlage erschaffen haben, sind sie auch berechtigt, sie in eine zukunftsorientierte Wirtschaftsform zu überführen.

Heute wird bei uns die Konsumfreiheit der Verbraucher sehr hoch gehalten und als Beweis für die Funktionsfähigkeit des Marktes angesehen. Jedoch kann sich nur am Markt beteiligen, wem genügend Geld zur Verfügung steht. Die einkommensschwachen Bevölkerungsschichten können mehr oder weniger nur ihre Grundbedürfnisse befriedigen, der Zugang zu Waren und Dienstleistungen im preislich gehobenen Segment bleibt ihnen verschlossen. Durch Güter aus der Massenproduktion z.B. von Nahrungsmitteln und Kleider können Waren zu Niedrigstpreisen angeboten werden. Auch die gestiegene Verschuldung trägt dazu bei, dass einkommensschwächere Bevölkerungsschichten sich am Konsum beteiligen können. Nur hat die gestiegene Verschuldung in Form der Überschuldung äußerst deprimierende und negative Auswirkungen auf das Alltagsleben und die Zukunftsperspektiven des Konsumenten.

Für die künftige Gesellschaft sollte vor allem gelten: Weg mit dem Wohlstandsmüll, her mit dem guten Leben. Leichter gesagt als getan. Die Wohlstandsbürger müssen jedoch zugunsten einer ökologischen und gerechten Welt auf einen großen Teil ihres überflüssigen Wohlstandes verzichten. Jeder menschliche Fortschritt hat seinen Preis und der muss vor allem von den bisherigen Nutznießern bezahlt werden.

Dass andrerseits in der Zukunftsgesellschaft alle Konsumenten mit einem gesicherten und gleichen Anteilsbudget auch Einfluss auf das Güterangebot nehmen können und die Güter ökologischen Prinzipien entsprechen müssen, ist wahrlich eine Revolutionierung des Verbrauchs.

Man kann über die verschiedenen Aspekte dieser möglichen Gesellschaftsutopie unterschiedlicher Ansicht sein, ja es können andere und auch bessere Modelle entwickelt werden und sich später durchsetzen.

Maßgeblich für eine wirklich demokratische, gleiche, ökologische und friedliche Gesellschaft sind jedoch der gleiche Zugang zu den Gütern, Einflussnahme auf deren Angebot, die partizipative Demokratie mit rotierender Beteiligung, gesellschaftlich verwaltetes Vermögen, eine rüstungs- und militärfreie Welt und der ressourcenschonende Umgang mit der Natur.

All das sind wesentliche Bestandteile einer künftigen Gesellschaftsordnung, in der <u>jeder</u> Mensch <u>wirklich</u> und nicht nur dem Anspruch nach im Mittelpunkt des Geschehens steht.

Literaturverzeichnis

-Altvater, Elmar, Le monde diplomatique/TAZ - Atlas der Globalisierung, der Grundwiderspruch des 21.Jahrhunderts, Berlin 2015

-Garnreiter, Franz, Selinger Helmut, Institut für sozial-ökologische Wirtschaftsforschung, Grundlagen und Ursachen des Treibhauseffektes, München 2008;

-Schuhler, Conrad, Institut für sozial-ökologische Wirtschaftsforschung, Unterwegs in die Öko-Katastrophe? Warum der Kapitalismus eine „Gründe Wende" nicht schafft, München 2012;

-Garnreiter, Franz, Institut für sozial-ökologische Wirtschaftsforschung, Globale Einkommensverteilung, München 2015;

-Harvey, Politische Blätter, Katastrophenkapitalismus, Teil III, Berlin 2015;

-Gorz, Andre´, Kritik der ökonomischen Vernunft, Sinnfragen am Ende der Arbeitsgesellschaft, Berlin 1989;

-Deutscher Kinderschutzbund, Kinderarmut in Deutschland, Berlin 2016;

-Europäische Union, Jugendarbeitslosigkeit in den Mitgliedsstaaten im Dezember 2015;

-Spiegel online 8.1.2016, DGB-Umfrage.

Zeitfracht Medien GmbH
Ferdinand-Jühlke-Straße 7
99095 Erfurt, Deutschland
produktsicherheit@kolibri360.de